어린이와 민족을 위해
헌신한 사회 운동가
방정환

이야기/교과서/인물 방정환

초판 제1쇄 발행일 2019년 1월 25일
초판 제2쇄 발행일 2020년 9월 5일
글 이재승, 김대조 그림 신슬기
발행인 박헌용, 윤호권 발행처 (주)시공사 주소 서울시 서초구 사임당로 82
전화 문의 02-2046-2800 홈페이지 www.sigongsa.com／www.sigongjunior.com

ⓒ 이재승, 김대조, 신슬기, 2019

이 책의 출판권은 (주)시공사에 있습니다.
저작권법에 의해 한국 내에서 보호받는 저작물이므로, 무단 전재와 무단 복제를 금합니다.

ISBN 978-89-527-8846-7 74990
ISBN 978-89-527-8164-2 (세트)

홈페이지 회원으로 가입하시면 다양한 혜택이 주어집니다.
잘못 만들어진 책은 구입하신 곳에서 바꾸어 드립니다.

사진 자료 제공 | 9쪽, 13-14쪽, 17-18쪽 **시공사** | 33쪽, 108쪽 색동회 창립 회원들 **독립기념관**
57쪽, 143쪽 **천도교중앙총부** | 108쪽 어린이날 기념식 **동아일보** | 122-123쪽 **국립민속박물관**

KC마크는 이 제품이 공통안전기준에 적합하였음을 의미합니다.
제조국 : 대한민국   사용 연령 : 8세 이상
주의 사항 : 책장에 손이 베이지 않게, 모서리에 다치지 않게 주의하세요.

어린이와 민족을 위해
헌신한 사회 운동가

방정환

이재승, 김대조 글 | 신슬기 그림

작가의 말 … 6
방정환을 찾아가다 … 8

1장 호기심으로 세상에 눈뜨다 … 20
역사 한 고개 단발령 … 32

2장 불빛에 꿈을 담아 … 34

3장 어려도 생각은 있지 … 46
역사 한 고개 천도교 … 56

4장 아무리 멀리 있어도 꿈을 놓지 말아야 해 … 58
역사 한 고개 일제의 토지 조사 사업 … 68

5장 　인생의 길 위에서 뜻을 세우다 … 70
　　　역사 한 고개 일제의 무단 통치 … 82

6장 　부족한 만큼 더 노력하라 … 84

7장 　나라의 미래는 어린이에게 있다 … 96
　　　역사 한 고개 색동회와 어린이날 … 108

8장 　비로소 움트는 어린이 세상 … 110
　　　역사 한 고개 방정환의 필명 … 122

9장 　잔물결은 깊어지고 넓어지고 … 124

방정환에게 묻다 … 138
방정환이 걸어온 길 … 142

작가의 말

방정환을 만나다

문제를 하나 풀어 볼까요?

1년 중에서 여러분이 가장 기다리는 날 중 하루입니다. 달력에 빨간색 숫자로 표시돼 있어서 학교에 안 가도 되고, 어른들께 선물도 받고, 이날 하루만큼은 어린이 여러분의 세상을 마음껏 즐길 수 있습니다.

무슨 날일까요? 바로 '어린이날'입니다. 어린이날 하면 떠오르는 인물이 있을 거예요. 어린이날을 처음 만드신 방정환 선생님입니다.

어린이날이 없던 옛날에는 사람들이 어린이를 귀하게 대하지 않았습니다. 그때는 '어린이'라는 말조차 없을 정도였으니까요. '어린이'라는 듣기 좋은 말 대신에 '애녀석', '아이놈', '이 자식'처럼 아이들을 아무렇게나 불렀답니다. 지금 같으면 욕처럼 들릴 이런 말을 대수롭지 않게 하던 시절이었으니 아이들이 존중받았을 리가 없지요. 어른들은 아이들을 그저 푸대접해도 되는 사람, 말썽이나 피우는 천덕꾸러기 정도로 여겼답니다.

방정환 선생님은 그것이 너무나 안타까웠습니다. 방정환 선생님은 "나라의 장래는 어린이에게 있다."라면서 어른들이 아이들을 존중하고 아껴 주어야 아이들 스스로도 자신을 소중히 생각하는 마음이 든다고 믿었답니다. 나라의 미래를 짊어질 어린이를 위해 이 땅에 어린이의 세상을 만드는 것이 선생님의 꿈이었습니다.

이 책을 보면 방정환 선생님이 어린이 세상을 만들기 위해 얼마나 많은 일을 하셨는지 알 수 있습니다. 일제에 빼앗긴 나라를 되찾기 위해 노력하셨고, 어린이들에게 꿈과 희망을 전해 주기 위해 동화와 노래, 잡지도 만드셨습니다. 그리고 어린이들에게 새로운 세상의 다양한 문화를 보여 주기 위해 전시회도 기획하셨지요. 무엇보다도 어린이날을 만들어 어린이들이 꿈을 품고 자랄 수 있는 터전을 마련해 주셨습니다.

방정환 선생님은 어린이들에게 꿈을 갖고 뜻을 바로 세우라고 하셨습니다. "어린 것이 뭘 알겠어?"가 아니라 "어려도 생각은 있다."라고 말씀하셨습니다. 방정환 선생님이 꿈꾸던 어린이 세상은 어린이가 어린이다운 대접을 받고, 어린이 스스로 바른 생각과 바른 행동을 하는 세상이었습니다. 오늘날 여러분이 누리고 있는 어린이 세상이 시작된 것은 방정환 선생님이 뿌려 두신 씨앗 덕분입니다. 그 뜻을 이어 어린이 세상을 완성할 수 있는 사람은 어린이 여러분 자신입니다. 돋는 해를 바라보며 올바른 뜻을 세우고, 바른 몸가짐으로 그 뜻을 올곧게 실천해 가면 비로소 어린이 세상이 완성될 것입니다.

이 책을 읽고, 방정환 선생님이 그랬던 것처럼 여러분도 앞으로 큰 나무로 자랄 수 있는 꿈과 희망을 품길 바랍니다. 여러분 자신이 오늘보다 더 새로운 내일을 살아갈 소중한 사람이라는 것을 깨닫길 바랍니다. 그리고 내가 소중하듯이 다른 사람도 소중하게 대하는 마음을 갖길 바랍니다.

이제 책장을 펼쳐 방정환 선생님의 따뜻한 사랑을 느껴 보세요.

이재승, 김대조

● 방정환을 찾아가다

어린이 대공원
1973년 5월 5일 어린이날 문을 연 공원으로, '소파 방정환 선생상'과 방정환이 쓴 글이 새겨진 비석이 있는 곳.
서울특별시 광진구 능동로 216

날아라 새들아 푸른 하늘을
달려라 냇물아 푸른 벌판을
오월은 푸르구나 우리들은 자란다
오늘은 어린이날 우리들 세상

    드넓은 어린이 대공원에 노래가 울려 퍼졌다. 신나는 노랫소리만큼이나 아이들의 마음도 들떠서 하늘 위를 풍풍 걸어 다닐 것만 같다. 푸르른 하늘과 아이들 손에 들린 알록달록 오색 풍선은 '오늘은 내 세상이다!'라는 것을 증명하는 듯했다.
    5월 5일, 어린이 세상이 펼쳐졌다. 어린이 대공원을 찾은 수많은 사람

중에는 건호네 가족도 있었다. 입구에서부터 건호는 연신 싱글벙글 입이 다 물어지지 않았다. 한 손에는 끈에 묶인 풍선을, 다른 손에는 얼굴보다 큰 솜사탕을 들고 세상을 다 가진 기분으로 어린이 대공원에 들어섰다.

"그렇게 맛있니?"

혀를 날름거리며 솜사탕을 나눠 먹는 아이들의 모습을 보고 엄마가 물었다.

"그럼요. 달달하고, 부드럽고, 포근하고, 가볍고, 훨훨 날아갈 것 같은 맛이에요."

"오빠, 저기 봐. 내가 한 입 먹을 때마다 구름이 조금씩 사라지고 있어."

솜사탕을 한 입 떼어 문 동생이 하늘을 가리키며 웃었다.

"정말 그러네? 이제 하늘에 구름이 하나도 없어!"

"녀석들. 너희 덕분에 하늘이 파래졌구나. 그래, 오늘은 너희 세상이다! 재미있는 상상에 마음껏 빠져 보렴."

맑은 하늘을 올려다보는 아빠의 얼굴에도 맑은 웃음이 가득했다. 건호는 솜사탕 한 조각을 입속에서 녹이며 오늘 펼쳐질 달콤한 하루를 마음껏

어린이 대공원 입구

상상해 보았다. 주위를 둘러보니 찡그린 얼굴 하나 찾아볼 수 없었다.

"공연 시간이 다 되었네. 얼른 숲속의 무대로 가자."

건호네 가족은 어린이극 공연을 보기 위해 숲속의 무대로 향했다. 공연장에는 이미 사람들이 가득했다. 건호네 가족은 빈자리를 찾아 공연장 뒤쪽에 앉았다.

"우아! 사람이 정말 많구나."

"뒷자리지만 자리를 잡은 게 다행이에요."

건호는 앞자리에 앉지 못해 아쉬웠지만, 그래도 공연을 볼 수 있어서 다행이라 여겼다. 그나마 남아 있던 뒤쪽 자리도 금세 가득 찼다.

공연이 시작되려는지 무대의 불빛이 켜지고 음악 소리가 들렸다. 웅성거리던 사람들도 모두 무대를 향해 눈을 돌렸다.

"시작하나 봐요."

"오빠, 내가 왜 떨리지? 정말 재미있겠다."

동생의 귀여운 모습에 건호도 설레는 마음으로 무대를 바라보았다. 봄바람이 시원하게 머리칼을 흔들어 주었다.

무대 위로 깜찍한 아기 요정들이 날개를 팔랑거리며 뛰어 올라왔다. 아기 요정들은 무대 위를 이리저리 돌아다니며 앙증맞게 노래를 불렀다. 하얀 연기가 무대를 감싸자 아기 요정들이 마치 구름 위를 나는 것처럼 보였다. 그런데 갑자기 천둥소리와 동시에 번개가 치더니 무대가 어둠의 세계로 변해 버렸다. 밤의 마왕이 아기 요정들이 사는 어린이 세계에서 빛을 빼앗아 버린 것이다. 세상이 온통 검은 연기로 덮였다. 아기 요정들은 고통스러운 듯 일그러진 표정으로 밤의 마왕이 시키는 힘든 일을 해야만 했다.

"안 돼! 밤의 마왕 때문에 아기 요정들이 힘들어하잖아."

동생이 무서워하자 건호는 동생의 손을 꼭 잡아 주었다. 건호는 밤의 마왕이 아기 요정들을 괴롭히는 모습을 보며 왠지 주먹에 힘이 들어갔다.

밤의 세계에서 고통받는 아기 요정들이 힘을 잃어 갈 때쯤이었다. 빛의 구슬을 들고 밤의 세계로 성큼성큼 걸어오는 사람이 있었다. 중절모를 쓰고 통통하게 배가 나온 사내는 빛의 구슬을 높이 치켜들고 천천히 외쳤다.

"죄 없고 허물 없는 평화롭고 자유로운 하늘나라, 그것은 우리 어린이의 나라이다! 그 누구도 밝고 맑은 어린이 나라를 더럽히지 말아야 한다!"

사내의 우렁찬 소리가 공연장에 울려 퍼졌다. 사내가 든 빛의 구슬에서 뿜어져 나오는 밝은 기운이 밤의 어둠을 차차 밀어냈다. 세상은 다시 빛을 얻는 듯했다. 그렇지만 밤의 마왕도 만만히 물러서지 않았다. 어둠의 구름은 꿈틀거리며 빛을 있는 대로 집어삼키려 발버둥을 쳤다. 빛과 어둠이 벌이는 힘겨루기가 손에 땀을 쥐게 했다.

그때 어디선가 작은 소리가 들려왔다. 쓰러져 있던 아기 요정 하나가 일어나 작게 노래를 부르기 시작했다. 한 명 두 명 봄바람처럼 부드러운 노랫소리가 더해지더니 이내 온 무대를 채웠다. 노랫소리가 커질수록 사내가 들고 있던 빛의 구슬이 점점 더 밝아졌다. 빛은 밝아지고 또 밝아져서 마침내 어두운 구름을 완전히 몰아냈다. 밤의 마왕이 완전히 힘을 잃고, 다시 밝은 어린이 세계가 찾아왔다.

사내는 다시 우렁찬 목소리로 관중석을 향해 외쳤다.

"새와 같이 꽃과 같이 앵두 같은 어린 입술로 천진난만하게 부르는 노래, 그것은 그대로 자연의 소리이며 하늘의 소리입니다. 어린이 여러분의 맑은 노랫소리가 세상의 어둠을 몰아내는 힘입니다. 자, 여러분! 함께 노래합시다. 세상을 밝게 만들어 봅시다!"

무대 위의 불이 밝게 켜지고 아기 요정들과 관객석의 어린이들이 한데 어울려 춤추며 노래를 불렀다.

"이야, 신난다! 하마터면 밤의 마왕에게 어린이 세계를 뺏길 뻔했어."

"휴, 다행이다. 아름다운 노래로 어린이 세계를 지켜 냈어."

건호는 동생과 신나게 박수를 쳤다.

배우들의 무대 인사가 끝나고 사람들이 하나둘 자리에서 일어났다. 건호네 가족도 천천히 일어날 준비를 했다.

"어때? 공연은 재미있었어?"

아빠가 건호에게 물었다.

"네! 처음에는 좀 유치할 줄 알았는데, 어둠으로부터 어린이 세계를 지켜 내는 과정이 아주 감동이었어요."

"나도! 아빠, 이 세상이 정말 어린이 세계가 되는 것 같았어요."

건호와 동생은 공연의 재미에 푹 빠져 있었다. 그만큼 신나고 멋진 공연이었다. 건호는 공연이 끝난 것이 아쉬워 자꾸만 빈 무대를 쳐다보았다.

건호가 자리에서 일어나 공연장 뒤로 돌아 나오려 할 때였다.

"어? 저건!"

공연장 뒤쪽에 들어올 때는 미처 보지 못했던 동상이 있었다.

"저 사람은 아까 빛의 구슬을 들고 있던 그 사람이잖아요?"
건호가 동상의 인물을 자세히 바라보고는 깜짝 놀라며 물었다.
"그렇구나. 방정환 선생님 동상이네."

방정환 동상이 있는
숲속의 무대 공연장

"아하! 그러고 보니 어린이 세계를 구할 빛의 구슬을 들고 있던 사람이 방정환 선생님이었구나."

엄마와 아빠는 무언가 알았다는 듯이 손뼉을 쳤다. 건호도 무언가를 알아차린 듯 동상 앞으로 다가섰다.

"그러니까 어린이날을 만드신 방정환 선생님 동상이 어린이 대공원에 있었네요. 오늘 본 공연도 어린이들이 무시당하던 세상에서 방정환 선생님이 어린이를 위한 밝은 세상을 만들었다는 내용이었나 봐요."

"하하, 그래 맞아. 건호가 공연을 제대로 이해했구나."

건호네 가족은 말이 나온 김에 방정환 선생의 동상을 자세히 들여다보기로 했다. 건호는 동상 뒤쪽 비석에 새겨진 글을 하나하나 읽어 보았다.

소파 방정환 동상

어린이의 영원한 벗 소파 방정환 선생(1899~1931)

소파 방정환 선생은 어린이를 위하여 일생을 바치신 고마운 분이다. 선생은 우리나라가 일본으로부터 억눌림을 당하던 그 어려움 속에서 손수 글을 쓰고 어린이 잡지를 만들었을 뿐만 아니라, 연극·이야기·잔치·강연회 등 어린이를 위한 많은 일을 하였다.

특히 '어린이'란 말을 처음 쓰고 '어린이날'을 만든 일과 1923년 봄 일본 도쿄에서 뜻을 같이하는 젊은이들과 색동회를 조직하여 어린이 운동에 앞장선 일은 소파 선생의 가장 두드러진 공적이라 하겠다.

33세의 아쉬운 생애를 마친 어린이의 벗 소파!

선생의 어린이 사랑·나라 사람의 얼은 그가 시작한 색동회와 더불어 영원히 이어질 것이다.

"방정환 선생님이 어린이날을 만들었다는 건 알았는데 정말 일찍 돌아가셨어요."

"그렇구나. 참 안된 일이야. 어린이를 위해서 그렇게 많은 일을 하시고 젊은 나이에 돌아가시다니."

건호와 아빠가 안타까워하며 함께 글을 읽었다.

"이것 좀 봐요. 방정환 선생님이 하신 말씀인가 봐요. 참 대단하신 분이야. 어쩜 내가 그동안 아이들에게 잘못한 것 같아 반성이 되네요."

다른 글을 읽던 엄마가 이것 좀 보라며 손짓했다. 방정환 선생이 어른들에게 쓴 글이었다.

어른들에게 드리는 글

어린이를 내려다보지 마시고 치어다보아 주시오.

어린이를 가까이하시어 자주 이야기하여 주시오.

어린이에게 경어를 쓰시되 늘 보드랍게 하여 주시오.

이발이나 목욕, 의복 같은 것을 때맞춰 하도록 하여 주시오.

잠자는 것과 운동하는 것을 충분히 하게 하여 주시오.

산보와 원족 같은 것을 가끔가끔 시켜 주시오.

어린이를 책망하실 때에는 쉽게 성만 내지 마시고 자세 자세히 타일러 주시오.

어린이들이 서로 모여 즐겁게 놀 만한 놀이터와 기관 같은 것을 지어 주시오.

대우주의 뇌신경의 말초는 늙은이에게도 있지 아니하고 젊은이에게도 있지 아니하고 오직 어린이들에게만 있는 것을 늘 생각하여 주시오.

"정말 어른들이 깊이 새겨야 할 말들이야. 방정환 선생님은 정말 어린이를 마음으로 존중하고 사랑하셨던 분이란 걸 알겠어."
아빠는 고개를 끄덕이며 진지하게 글을 읽었다.
"엄마, 이런 글도 있어요."
이번에는 동생이 불렀다. 그 글에는 방정환 선생이 어린이에게 당부하는 말이 적혀 있었다.

어린 동무들에게

돋는 해와 지는 해를 반드시 보기로 합시다.

어른에게는 물론이고 당신들끼리도 서로 존대하기로 합시다.

뒷간이나 담벽에 글씨를 쓰거나 그림 같은 것을 그리지 말기로 합시다.

꽃이나 풀을 꺾지 말고 동물을 사랑하기로 합시다.

전차나 기차에서는 어른에게 자리를 사양하기로 합시다.

입을 꼭 다물고 몸을 바르게 가지기로 합시다.

"음, 이 말은 어린이들이 기본적으로 마음에 품고 지켜야 할 것이구나. 방정환 선생님은 어린이들에게 스스로 바른 몸과 마음가짐을 가져야 한다는 것도 깨우쳐 주셨네."

이번에는 엄마가 고개를 끄덕이며 천천히 글을 읽었다.

"이 짧은 글귀만 봐도 방정환 선생님이 어린이를 대하는 마음이 느껴지는구나. 어린이날에 마침 좋은 것을 알게 되었어."

'어린 동무들에게'가 새겨진 비석

아빠가 방정환 선생 동상을 둘러보며 말했다. 천천히 동상을 둘러보며 건호는 궁금한 것이 생겼다.

"그런데 소파가 무슨 뜻이에요?"

"글쎄? 방정환 선생님의 호

대한민국
어린이 헌장비

였던 것 같은데 정확히 무슨 뜻인지는 나도 잘 모르겠네."

아빠는 고개를 갸우뚱하며 답을 얼버무렸다.

"잘됐어요. 이참에 방정환 선생님에 대한 책을 찾아서 함께 알아보는 게 어때요?"

때마침 엄마가 반가운 제안을 했다.

"좋아요. 오늘 아주 뜻깊은 어린이날이 되겠어요."

건호와 동생은 엄마의 제안을 흔쾌히 받아들였다.

"우리 어린이의 영원한 친구와 사진 찍어요."

건호는 방정환 선생 동상 앞에서 사진을 찍고 싶었다.

"좋지! 이왕이면 방정환 선생님께 감사한 마음을 담아서 세상에서 가장 행복한 표정으로 사진을 찍어 볼까?"

아빠가 사진기를 꺼내어 준비를 했다.

"네, 세상에서 가장 행복한 표정으로. 어린이 만세!"

건호네 가족은 방정환 선생 동상 앞에서 세상에서 가장 행복한 표정을 담아 가족사진을 찍었다. 활짝 웃는 얼굴이 하늘처럼 맑았다. 그 모습을 방정환 선생이 흐뭇하게 바라보고 있었다.

대한민국 어린이 헌장비
'어린이를 존중하자'는 방정환의 뜻을 이어받아 1957년 5월 5일 어린이 헌장이 선포되었다.
사진은 1988년 11개 조항으로 개정된 지금의 '대한민국 어린이 헌장비'의 모습.

1장
호기심으로 세상에 눈뜨다

방정환이 동무들과 시장 거리를 돌아보았다. 온종일 놀다 보니 출출했던지 자꾸만 먹을거리 쪽으로 눈이 갔다. 동무들은 가게에서 파는 맛난 주전부리에서 눈을 뗄 수 없었다. 군침을 흘리기는 방정환도 마찬가지였다.

"아저씨, 호박엿 가져가요."

방정환은 한 치의 망설임도 없이 엿 가게에서 호박엿을 한 움큼 집어 갔다. 졸졸 뒤따르던 동무들이 손을 벌리며 방정환에게 붙었다.

"정환아, 나도 나도."

방정환은 아무렇지도 않은 듯 동무들에게 엿을 떼어 나눠 주었다.

"아주머니, 배 두 알만 가져가요."

이번에는 큼지막한 배를 집어서 와작 씹어 먹었다. 먹음직스럽게 생긴

배에서 달달한 과즙이 줄줄 흘러나왔다. 방정환은 배로 입을 축이고도 시장 거리를 계속 둘러보았다.

"와! **왜떡**이다."

"어디, 어디? 우아, 고것 정말 맛나겠다."

방정환은 과자점에서 나오는 고소한 냄새에 끌려 발걸음을 멈췄다. 노릇하게 구워진 과자가 보기 좋게 놓여 있었다.

"아저씨, 이것 좀 가져갑니다."

"응? 정환이구나. 그래, 알았다."

방정환은 자연스럽게 두 손 가득 과자를 집어 들었다.

"정환아, 나도 다오."

이번에도 어김없이 동무들이 방정환의 뒤에 바싹 붙어 섰다.

방정환이 이것저것 집어 가도 가게 주인들은 희한하게 싫은 내색을 하지 않았다. 그저 "알았다."라고 대답하며 **치부책**에 무언가 끼적거리기만 했을 뿐.

왜떡
밀가루나 쌀가루를 짓이겨서 얇게 늘여 구운 과자.

치부책
돈이나 물건이 들고 나는 내용을 적어 두는 장부.

'어물전 맏손자 호박엿 다섯 개.'

'**싸전**집 정환이 배 두 알.'

'방한용 어른 댁 맏손자 왜떡 한 뭉치.'

방정환은 시장 거리 어느 가게든 먹고 싶은 것이 있으면 마음대로 들어가 집어 먹었고, 갖고 싶은 것이 있으면 거리낌 없이 집으로 가져왔다. 그게 다 어물전과 싸전을 크게 하는 할아버지 덕분이었다. 가게 주인은 방정환이 물건을 가져가면 치부책에 적어 두었다가 매달 말에 방정환의 할아버지에게 보여 주었다. 그러면 할아버지는 두말하지 않고 그 값을 치렀다.

방정환은 1899년 서울 야주개(지금의 종로구 당주동 일대)에서 방경수의 맏아들로 태어났다. 할아버지 방한용은 어물전과 싸전을 운영하는 큰 부자였다. 방정환은 할아버지의 귀여움을 듬뿍 받으며 부족한 것 없는 어린 시절을 보냈다.

방정환의 집이 어느 정도로 부자였는지는 그의 수필 〈나의 어릴 때 이야기〉에서 짐작해 볼 수 있다.

> 그때 우리 집은 서울 야주개에 있었는데, 장사를 크게 하였으므로 돈도 넉넉히 있어서, 지금 생각하여도 대단히 큰 기와집을 하나 가지고는 부족하여서 두 집을 사서 사이를 트고 한 집을 만들어 쓰고 있었습니다. 그래 집 속에서 이쪽 끝에서 저쪽 끝까지 가려면 한참 동안을 잊어버리고 가야 하였습니다.
>
> - 〈나의 어릴 때 이야기〉 중에서

방정환은 어릴 적에 매우 똑똑하고 호기심이 많았다. 방정환이 다섯 살 쯤 되었을 때 할아버지는 서당에 가서 천자문을 익히도록 했다.

"정환이는 오늘부터 서당에 나가거라."

방정환은 할아버지의 말대로 서당에 가서 '하늘 천, 땅 지……'를 익혀 나갔다. 그러나 워낙 어렸던 탓에 천자문을 익히는 속도는 그리 빠르지 않았다.

"허허, 귀여운 녀석."

그래도 할아버지의 눈에는 입을 오물거리며 천자문을 외우는 어린 손자의 모습이 무척 귀엽고 대견해 보였다.

방정환이 일곱 살 되던 해의 일이다. 서당에서 한자를 열심히 익히던 방정환에게 새로운 호기심이 생겼다. 작은 호기심에서 비롯된 일은 집안을 발칵 뒤집어 놓고 말았다.

방정환에게는 삼촌이 있었다. 삼촌이라고 해 봐야 겨우 두 살 위였다.

"정환아, 넌 동무들이랑 잘 놀고 있어라. 삼촌은 학교에 공부하러 다녀올 테니."

방정환은 신식 학교에 다니는 삼촌이 너무 부러웠다. 자기도 삼촌을 따라 신식 학교에 가서 공부해 보고 싶었다.

싸전
쌀을 비롯한 여러 곡식을 파는 가게.

"나도 학교에 가고 싶은데……."

"안 돼. 할아버지한테 혼난단 말이야."

삼촌에게 아무리 부탁해 봐도 되지 않는 일이었다. 삼촌은 할아버지에게 들킬 일이 겁나 방정환을 절대 학교에 데려가지 않았다.

"할아버지, 나도 삼촌처럼 신식 학교에 가고 싶어요."

하루는 방정환이 할아버지에게 직접 청했다.

"조금 더 크면. 넌 아직 서당에서 한자를 익혀야 해. 정환아, 조금 더 크면 너도 신식 학교에 보내 줄 테다. 그러니 그때까지는 서당에서 공부를 하거라."

할아버지와 아버지가 신식 교육을 받는 것을 허락하지 않자 방정환은 실망했다. 그렇다고 호기심쟁이 방정환이 거기에서 멈출 리 없었다.

'나도 학교에 갈 테야!'

방정환은 어른들 몰래 삼촌을 뒤쫓아 학교에 갔다. 그러다가 마침내 일을 저지르고 말았다.

"우아, 넓다!"

삼촌 뒤를 따라 방정환이 간 곳은 보성 소학교였다. 방정환은 처음 보는 넓은 학교 마당이 신기했다. 그 넓은 안마당에는 갓 쓴 사람들, 초립 쓴 젊은이들, 머리 땋은 어린이들이 가득 모여 놀고 있었다. 어린아이에서 제법 나이 든 어른까지 삼삼오오 모여 저마다 재미나게 놀고 있는 모습은 방정환에게 학교에 대한 환상을 심어 주었다.

'와! 학교에는 정말 사람들이 많구나. 서당에는 몇 안 되는 아이들이 전

부인데. 나도 여기에 다니면 좋겠다.'

학교 안마당에 사람이 어찌나 많은지 방정환은 눈을 어디다 둬야 할지 몰랐다. 그런데 그때 학교 안에서 "땡땡땡땡!" 하고 종소리가 들렸다. **상학** 시간을 알리는 종소리였다.

"으아!"

종소리에 모두들 하던 일을 제쳐 두고 편싸움할 때처럼 소리를 지르며 학교 안으로 들어갔다. 그 많던 사람이 이 방 저 방으로 우르르 몰려 들어가고 나니, 어느새 넓은 마당에는 방정환 혼자만 남았다.

"상학 시간이구나."

방정환은 아무도 없는 넓은 마당에 서서 한 바퀴 휘돌아보았다. 정말 아무도 없었다. 방정환은 고개를 숙이고 말았다.

'그냥 집으로 갈까? 아니다. 기왕에 온 거 신식 학교 공부하는 모습이나 구경하자.'

방정환은 조심조심 학교 건물로 다가갔다. 무얼 하나 싶어 들창 가까이 서서 발돋움을 쳤다. 까치발을 딛고 서서야 겨우 학교 안이 보였다. 그 안에는 하얀 나무로 만든 책상 하나에 두 사람씩 앉아 있었다. 다들 《소학》이라는 한문책을 펴 놓고 앉아 선생님의 말을 듣고 있었다. 보성 소학교는 신

> **상학**
> 학교에서 그날의 공부를 시작함. 반대로 그날의 수업을 마치는 것은 '하학'이라고 한다.

식 학교라고 하지만, 당시까지는 한문 교육을 주로 했다.

수염이 세 갈래로 난 선생님은 갓을 쓰고 있었다. 방정환은 기다란 담뱃대로 칠판을 딱딱 때려 가며 글을 가르치던 선생님과 눈이 마주치고 말았다.

"요놈!"

선생님은 어린 방정환의 모습을 보고 장난치듯 웃으며 말했다. 비록 웃는 얼굴이었지만 방정환은 선생님의 모습에 깜짝 놀라 얼른 도망쳐 버렸다. 방정환은 다시 학교 마당에 혼자 덩그러니 남았다. 집으로 돌아가기는 싫고, 학교 안으로 들어가려니 선생님의 모습이 떠올라 망설여졌다.

그런데 잠시 뒤 무슨 일인지 학생들이 모두 함성을 지르며 마당으로 쏟아져 나왔다. 학생들은 곧게 줄지어 서서 누군가가 오기를 기다리고 있었다. 그날은 교장 선생님이 학교를 방문하는 날이었다. 당시 교장 선생님은 학교에 중요한 일이 있거나, 특별히 학생들에게 지도할 것이 있을 때에만 학교에 왔다. 교장 선생님이 학교를 방문할 때에는 꼭 학생들에게 선물을 주었기 때문에 학생들은 교장 선생님을 몹시 반겼다.

점심때가 가까워서 교장 선생님이 도착했다. 교장 선생님은 학생들에게 공부에 힘쓰고 몸가짐을 바르게 하도록 당부했다. 그리고 학생들에게 일일이 **백로지** 두 장과 **왜붓** 한 자루를 선물로 주었다.

교장 선생님의 연설이 끝나고 학생들은 모두 학교 안으로 들어갔다. 학교 마당에는 교장 선생님과 방정환 둘뿐이었다.

"넌 누구니?"

혼자 덩그러니 있는 방정환을 보고 교장 선생님이 물었다. 방정환은 행여나 혼이라도 날까 봐 선뜻 대답하지 못하고 우물쭈물하고 있었다.

"넌 어디에 사는 누구니?"

"네, 저는 야주개에 사는 방정환입니다."

"그러냐? 네 아버지는 누구시고?"

"제 부친의 존함은 방 경 자 수 자이십니다."

"음, 아주 똘똘한 아이구나."

교장 선생님은 방정환과 몇 마디 대화를 나누면서 어디에 사는 누구며, 어느 집 몇째 아들인지, 왜 혼자 있는지 등을 알게 되었다. 교장 선생님은 자신의 물음에 또렷하게 대답하는 방정환이 마음에 들었다.

"정환이라고 했지? 너 학교에 다니고 싶지 않니?"

교장 선생님은 뜻밖의 제안을 했다. 방정환은 반색하며 대답했다.

"네, 다니고 싶어요!"

백로지
표면이 조금 거칠고 품질이 떨어지는 종이. '갱지'라고 하며 주로 신문 용지나 시험지로 많이 쓰인다.

왜붓
예전에 '연필'을 이르던 말.

교장 선생님은 무언가를 생각하더니 그 길로 방정환을 인력거에 태우고는 자기 집으로 데려갔다. 방정환은 영문도 모른 채 학교에 보내 준다는 말만 믿고 싱글벙글 따라갔다.

"식혜 한 그릇 내오너라."

교장 선생님은 집으로 오자마자 하인을 시켜 식혜를 내왔다. 방정환은 그저 맛있게 식혜 한 그릇을 다 먹었다. 교장 선생님은 하인에게 가위를 가져오도록 했다.

"신식 공부를 하려면 머리를 잘라야 한다. 그래도 하겠느냐?"

교장 선생님이 웃으며 말했다. 머리를 자른다는 말에 방정환은 표정이 굳어졌다. 단발령이 내려져 많은 사람이 신식 머리를 하고 있지만, 할아버지는 늘 그것을 못마땅하게 여겼기 때문이다.

"어떠냐? 머리를 자르고 우리 학교에 들어올 테냐?"

방정환은 신식 학교에 들어갈 수 있다는 생각에 그만 고개를 끄덕이고 말았다.

"좋아. 머리를 자르고 새로운 생각으로 새로운 공부를 하려무나."

교장 선생님은 곧장 하인을 시켜 방정환의 머리를 자르게 했다. 댕기 달린 머리카락이 가위로 썩둑썩둑 잘려 나갔다. 하인은 머리 깎는 기계로 남은 머리를 아주 짧게 다듬어 깎았다.

"허허, 그놈 잘 생겼으니 대장 모자를 씌워 주어라."

교장 선생님은 까까머리의 방정환을 보며 기뻐했다. 하인은 어디서인지 울긋불긋한 테를 여러 개 두른 비단 모자를 가져와 씌워 주었다. 방정환은

호통치는 할아버지의 얼굴이 떠올라 집에 갈 일이 걱정이었지만, 신식 학교에 갈 생각으로 기분이 좋았다.

그날 저녁, 방정환의 집이 발칵 뒤집혔다.

"네 이놈! 누구 마음대로 부모에게 물려받은 귀중한 머리를 잘라!"

방정환은 할아버지에게 피가 나도록 종아리를 맞았다. 다른 방에서는 증조할머니와 할머니가 밤새 통곡을 하며 어린 손자의 잘린 머리를 슬퍼했다. 할머니는 남의 집 애의 머리를 깎은 몹쓸 놈을 그냥 둘 수 없다며 분풀이를 하려 학교에 하인을 보내려고 했다. 그런데 할아버지가 말려 그렇게 하지는 않았다.

'할아버지, 임금님도 머리를 잘랐다고 합니다. 세상이 바뀌었다고요. 바뀐 세상에서 신식 공부를 꼭 하고 싶어요!'

방정환은 이 말을 하고 싶었지만 노여워하는 어른들 앞에서 차마 입을 열지 못했다.

삭발 소동은 할아버지에게 종아리 몇 대 맞은 것으로 끝났으나, 방정환의 호기심은 멈출 줄 몰랐다.

"분명 학교에 못 가게 하실 텐데, 난 꼭 가고 싶단 말이야."

이튿날 방정환은 아침밥도 안 먹고 어른들 눈을 피해 몰래 집 밖으로 나갔다. 그러고는 잠자코 길가에 숨어 있다가 삼촌 뒤를 따라 학교에 갔다. 그날로 방정환은 정식으로 보성 소학교 유치반 학생이 되었다.

"그놈 참 귀엽구나. 맨 앞에 앉거라."

방정환은 선생님이 이끄는 대로 맨 앞자리에 앉았다. 그토록 원하던 신식 학교에서 교육받게 된 것이다.

　호되게 꾸지람을 들었지만, 작은 호기심 덕분에 방정환은 신학문을 일찍 배울 수 있게 되었다.

단발령

유교 문화가 생활 속에 뿌리 깊게 박혀 있던 조선 사회에서는 '身體髮膚受之父母, 不敢毀傷 孝之始也(신체발부수지부모, 불감훼상 효지시야)'라고 하여 신체와 터럭과 살갗은 부모에게 물려받은 것이니 감히 손상시키지 않는 것이 효의 시작이라고 여겼다. 그래서 남자들도 머리를 길게 땋거나 상투를 틀어 묶고 다녔다.

그런데 1895년(고종 32년)에 정부에서 갑자기 머리를 자르라는 단발령을 시행했다. 이는 조선 백성들에게 마른하늘에 날벼락 같은 소리였다.

단발령의 역사적 배경

청일 전쟁에서 승리한 일본은 1895년 8월 20일, 일본의 간섭에서 벗어나기 위해 러시아와 손을 잡으려고 한 명성황후를 시해했다. 이를 '을미사변'이라고 한다. 같은 해 11월 일본은 친일 김홍집 내각을 앞세워 단발령을 발표한다. 고종은 왕궁을 포위한 일본군과 친일 대신들의 강요로 '신민에게 먼저 모범을 보인다'며 앞장서서 머리를 잘랐다. 위생과 편리함을 내세운 단발령 속에는 단발을 강요하여 우리의 전통문화를 단절시키고, 민족정신을 약화시키려는 일본의 의도가 깔려 있었다.

머리를 짧게 자른 고종 황제

단발령의 진행 과정

정부는 단발령을 내리고 곧 관리들에게 가위를 들고 한성부의 거리나 사대문, 사소문 등에서 백성들의 머리를 깎도록 지시했다. 그러나 유교 윤리가 깊게 박힌

탓에 단발령은 백성들의 반발을 샀다. 일부 유학자나 사대부들은 "목을 자를지언정 머리는 자를 수 없다."라며 완강히 거부했다. 더욱이 을미사변 이후 일본과 친일 내각에 대한 백성들의 불만이 더 깊어졌고, 머리를 자르는 일은 곧 친일에 앞장서는 일이라 여기는 백성들의 반일 의식도 더욱 거세졌다.

단발령은 서울뿐만 아니라 전국으로 퍼졌고, 정부는 먼저 정부 관료와 군인, 순검(조선 후기의 벼슬 중 하나로, 지금의 순경과 같다.) 같은 관리들에게 단발을 실시했다. 또 머리를 자르는 체두관을 지방으로 파견하여 길거리에 다니는 사람은 물론 민가에까지 들어가 강제로 머리를 자르기도 했다.

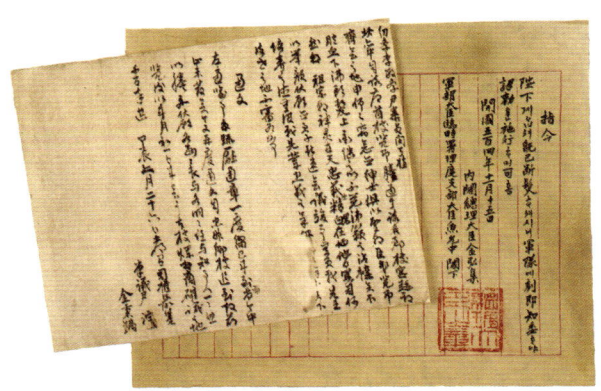

단발령 고시문(아래)과 유생들의 상소문(위)

단발령의 결과

을미사변과 단발령은 반일 감정을 더욱더 심화시켰다. 결국 전국 각지에서 의병이 일어나 김홍집의 친일 내각은 붕괴되고 말았다.

그 과정에서 고종이 러시아 공사관으로 피신하는 사건이 일어나는데 이를 '아관파천'이라고 한다. 아관파천 이후 등장한 친러시아 내각은 흐트러진 민심을 바로잡기 위해 단발령을 철회했다. 그렇게 단발령 문제가 마무리되는 듯했으나, 1902년에 단발령이 다시 시행되어 지속적으로 마찰이 일어났다.

한편, 당시 외국에 다녀온 뒤 자발적으로 머리를 자른 사람이 생기기 시작했다. 또 신식 교육을 받기 위해 머리를 자르는 사람도 많아졌다. 이러한 이유로 1900년대 초부터 한성부와 평양부, 수원부에 이발사와 이용원이 등장하기도 했다.

2장
불빛에 꿈을 담아

　　방정환이 아홉 살 되던 해인 1907년의 일이다. 궁궐 근처에서 사업을 크게 하며 왕실에 물건을 납품할 만큼 부자였던 그의 집안이 한순간에 무너지고 말았다. 집안 어른들이 시작한 사업이 잘못되어 망해 버린 것이다. 빚쟁이들이 집으로 들이닥쳤고, 식구들은 그 큰 집에서 쫓기듯 나와야 했다. 아주개의 알부자가 하루아침에 빈털터리가 되고 말았다.

　　"이제 어디로 가나요?"

　　방정환이 불안한 눈빛으로 아버지에게 물었다.

　　"사직골로."

　　아버지의 말은 짧았다. 방정환은 더 묻지 않았다. 어머니는 아픈 몸을 겨우 추슬러 부랴부랴 이삿짐을 쌌다. 준비할 틈도 없이 별안간 닥친 일은 가족들에게 너무나 큰 충격이었다. 방정환은 황망한 마음을 애써 붙들며 어른들을 도와 짐을 꾸렸다.

"그것들을 다 가져갈 수 없다."

어머니는 가구며 옷가지며 두고 가기 아까운 것들을 내내 손으로 어루만졌다. 하지만 아버지는 단호하게 가져갈 수 없다고 말했다. 그럴수록 어머니의 눈에는 화려하게 빛나는 세간들이 자꾸만 눈에 밟혔다.

"그건 더 이상 우리 것이 아니야. 가져갈 수도 없거니와 가져간들 머리 위에 이고 살 수도 없지 않은가."

그렇게 빛나던 물건들은 다 그대로 두고 겨우 이부자리와 부엌살림만 챙겨 집을 나왔다. 아버지를 따라간 곳은 아주 허름한 초가집이었다. 살던 집에 비해서는 비교도 안 될 만큼 너무도 작고 허름했다. 방이라고 해도 겨우 몸을 누일 공간이 전부였다.

"여기다."

아버지의 말에 아무도 대답하지 못했다. 그저 앞으로 살게 될 집을 슬픈 눈으로 바라만 보았다. 방정환의 얼굴에서는 절망도 희망도 느껴지지 않았다.

사직골에서의 생활은 너무 힘들었다. 할아버지와 아버지가 인쇄소 노동자로 취직하여 생계를 이어 가긴 했지만, 굶기를 밥 먹듯이 할 만큼 집안 형편은 말이 아니었다. 그래도 아버지는 방정환에게 학교를 그만두게 하지는 않았다.

"정환아, 이거……."

학교에 가는 방정환에게 어머니가 미안해하며 작은 보자기를 내밀었다. 따뜻한 밥이 묵직하게 느껴져야 할 도시락은 빈 통이었다. 그래도 방정환은 어머니에게 환히 웃어 보였다.

"가다가 **대고모**님 댁에 들러 갈게요."

방정환은 아무 내색 없이 집을 나섰다. 아직 투정을 부릴 나이인데, 어머니는 방정환의 웃음 어린 얼굴이 외려 슬퍼 보였다.

방정환은 대고모 집 대문 앞에서 잠시 망설였다. 기척도 없이 서성이다 사람들이 지나가면 누가 알아볼세라 얼른 고개를 숙였다. 방정환은 몇 번을 망설이다 다시 대문 앞에 섰다.

"정환이 왔니? 잠깐 기다리거라."

어떻게 알았는지 대고모가 먼저 대문을 열었다. 그러고는 방정환의 손에 있던 빈 도시락을 받아서 집 안으로 들어갔다. 방정환은 대고모가 먼저 알고 나온 것을 다행이라 여기면서 쭈뼛쭈뼛 서서 대문 안을 힐끔 들여다봤다.

"자, 여기 있다. 얼른 가서 열심히 공부해라."

대고모는 금세 도시락에 밥을 채워 나왔다. 방정환은 대고모에게 고맙다는 인사를 하고 학교로 향했다. 방정환은 대고모가 싸 준 도시락을 소중히 안고 학교로 달려갔다.

다음 날에도 어머니는 방정환에게 빈 도시락을 내밀었다. 방정환은 역시 아무 내색 없이 그것을 받아 들고 집을 나섰다.

"대고모님!"

정환은 닫힌 대문 앞에서 작게 소리 내었다. 대고모부는 방정환에게 도시락 싸 주는 것을 탐탁하게 여기지 않았기 때문이다. 방정환은 대고모부의 눈치를 보며 작은 소리로 대고모를 불렀다. 방정환의 목소리에는 미안한 마음과 쑥스러운 마음이 섞여 있었다.

"왔니?"

대고모의 얼굴이 어두웠다.

"어쩌지? 오늘은 집에 손님이 와 계셔서……."

대고모가 말끝을 흐렸다. 방정환은 그 정도만 들어도 뜻을 알아차렸다. 자신의 도시락 때문에 대고모를 난처하게 할 수는 없었다. 그래서 방정환은 더 표정을 밝게 했다.

"아, 그렇군요. 괜찮아요! 오늘은 아침을 든든히 먹어서 점심까지 충분히 견딜 수 있어요."

방정환은 그대로 빈 도시락을 들고 학교로 갔다. 방정환이 한 말이 거짓이라는 것은 대고모도 알았을 테다. 대고모는 힘들수록 웃음을 잃지 않는 방정환이 대견스러웠다.

도시락을 싸 가지 못한 날이면 방정환은 괜스레 더 고개가 숙여졌다. 점

대고모
고모할머니. 아버지의 고모를 가리킨다.

심시간 내내 동무들을 피해 변소 뒤에 몰래 숨어 있기도 했다. 배에서 꼬르륵 소리가 요동을 칠수록 시간은 더디 가기만 했다. 허기진 배를 달래며 공부에 집중하는 일은 생각처럼 잘되지 않았다. 방정환은 얼른 하학종이 치기만을 바랐다.

집으로 돌아온 방정환에게는 또 다른 할 일이 남아 있었다. 그중에서도 가장 고된 일은 물을 길어 오는 것이었다.

쌀 꾸러 다니기, 전당포 다니기, 그런 것 외에 또 한 가지 고생스러운 일은 물 길어 오기였습니다. 하인도 없고 어른들은 활판소에 가시고 또 삼촌 한 분은 남의 상점 점원으로 가시고, 물을 길어 올 사람은 열 살 먹은 나하고, 여덟 살 먹은 사촌 동생밖에 없었습니다.

집이 사직골이었으니까, 우리 집에서 두어 마장쯤 떨어진 곳에 사직 뒷담 밑에 성주 우물이란 우물이 있는데 학교에만 갔다 오면 물통(석유통) 하나를 들고 가서 물을 길어 가지고, 열 살짜리 여덟 살짜리가 둘이 들고 비틀비틀하면서 집으로 옮겨 나르기에 어떻게 힘이 드는지, '인제 여덟 번째다, 인제 아홉 번째다, 인제 세 번 남았다.' 하면서 헤어 가면서 길었습니다.

그나마 여름에는 별 고생이 없지만 겨울이 되면 물이 나오지 않고 밑바닥에 조금씩밖에 안 나오므로 물난리가 날 지경이어서 우물 앞에 차례로 온 대로 물그릇을 조르르 늘어놓고 기다리어 자기 차례가 되어서 바가지를 들고 우물 속에 기어 들어가서 떠 가지고 나오게 되므로, 우물 앞에는 물통과 물동이가 골목 밖에까지 체조하는 병정처럼 늘어놓이고 자기 차례 오기를 기다리자면 두 시간씩이나 기다리게 되었습니다.

날은 차고, 바람은 살을 에일 듯이 부는데, 배가 고프고 몸은 떨리고……. 우물 옆에서 두 발을 동동 구르고 울던 일이 해마다 겨울마다 몇 백 번씩인지 모릅니다.

- 《어린이》 6권 3호(1928년) 중에서

집안이 몰락할 무렵 방정환은 뜻밖의 선물을 하나 얻게 되었다. 방정환의 집을 드나들던 사람 중에 **고희동**이라는 화가가 있었다. 방정환은 그에게 한 번씩 그림 그리는 것을 배웠는데, 고희동은 방정환의 손재주를 눈여겨보고 있었다.

하루는 고희동이 방정환에게 물어보았다.

"너 정말 그림을 잘 그리는구나. 나 따라가서 그림을 배우지 않으련?"

고희동은 방정환의 재주를 높게 보아 자신의 제자로 삼고 싶어 했다. 하지만 하나밖에 없는 아들을 보낼 수 없다며 집안 어른들이 반대를 했고, 결국 방정환은 고희동을 따라나서지 않았다. 고희동은 그런 방정환에게 선물을 주었다.

고희동
한국 최초로 서양화를 개척한 화가(1886~1965). 호는 '춘곡'이다.

"자, 이것을 받아라. 이건 네가 가지는 게 좋겠구나."

고희동이 방정환에게 내민 것은 환등기였다.

"아닙니다. 이 귀한 것을 제가 어찌……."

"아니다. 이건 네가 가져야 더 귀하게 쓰일 것 같구나."

환등기는 투명한 사진이나 그림에 빛을 쏴 벽이나 하얀 막에 비춰 크게 나타내는 기계이다. 환등기에 그림판을 갖다 대면 선명한 천연색 그림이 또렷하게 비쳐 보였다. 텔레비전이 없던 시절 환등기는 마술 같은 기계였다.

방정환은 환등기와 함께 받은 외국의 풍경 사진을 보며 재미있는 이야기를 만들어 봤다. 불빛에 비친 생소한 풍경들을 보며 **변사** 흉내를 냈던 것이다.

"얘들아, 내가 재미난 것 보여 줄 테니 나랑 가자."

방정환은 집으로 동무들을 불러 모아 환등기를 보여 주었다. 그리고 홑이불로 막을 쳐서 제법 그럴듯한 무대도 마련했다. 아이들은 처음 보는 모습에 신기함을 감추지 못했다.

드디어 방정환의 이야기가 시작되었다.

"에, 여기로 말할 것 같으면 바다 건너 이역만리 떨어진 미국이란 나라올시다. 이 땅에 사는 사람들의 모습을 한번 볼까요? 피부가 하얘서 백인이라, 피부가 검어서 흑인이라. 모습은 달라도 사는 방법은 달라도 모두 같은 사람인지라……."

방정환은 환등기에 사진을 하나씩 비추며 이야기를 술술 풀어 나갔다. 아이들은 환등기의 불빛도 신기했지만, 그보다 방정환이 해 주는 재미난 이야기 속으로 쏙 빠져들었다.

"이야, 너 정말 장하다."

"참말이야. 똑똑하고 신통방통하다."

아이들은 입을 모아 방정환을 칭찬했다. 방정환의 이야기 마당은 날마다 이어졌다. 동무들이 또 다른 아이들을 데려오고, 입소문이 나면서 방정환의 이야기를 찾는 아이들이 늘어 갔다. 그러던 어느 날이었다.

"정환아, 우리 환등 대회를 열어 보자."

"환등 대회?"

"그래, 환등 대회를 열어서 더 많은 사람한테 네 이야기를 들려주는 거야."

"그럼 내가 정말 변사가 되어야겠구나."

이렇게 해서 방정환과 동무들은 환등 대회를 꾸몄다. 그런데 사람들을 불러 모으기에는 아무래도 방정환의 집은 너무 좁았다. 그래서 방정환은 대고모네 집 마당에서 환등 대회를 열기로 했다. 아이들은 그럴싸하게 휘장으로 막을 치고 사람들이 구경할 수 있는 자리도 마련했다. 그러고는 알음알음 사람들을 불러 모았다.

변사
옛날에 소리 없이 영상만으로 된 무성 영화를 상영할 때 영화의 내용을 실감 나게 설명해 주던 사람.

환등 대회가 시작되고 환등기의 불빛을 따라 방정환의 이야기가 춤을 추듯 신나게 들려왔다. 기껏해야 외국의 풍경을 찍은 사진 몇 장이 전부였지만, 재미있게 꾸며 내는 방정환의 입담에 사람들은 이구동성으로 감탄을 했다.

"어린 것이 참 신통하지. 어쩜 저리 말을 재미있게 잘한다니?"

"그러게 말이여. 꼬마 변사가 참 거창하게도 잘한단 말이야."

"아이고, 우습다 우스워. 어린 녀석이 참 인물일세, 인물이야."

방정환의 타고난 말재주는 제법 유명세를 타기 시작했다. 환등 대회가 회를 거듭할수록 더 많은 사람이 모였다. 찾아오는 사람이 늘자 또 다른 생각이 떠올랐다.

"구경 온 사람들에게 구경값을 받을까?"

"설마 누가 꼬맹이들에게 구경값을 내려나?"

이렇게 해서 환등 대회가 열리면 방정환의 어린 삼촌은 입구에서 구경값을 받았다.

"기똥차게 재미난 변사의 이야기를 들으려면 구경값을 내세요!"

사람들은 구경값을 대신해서 성냥을 냈다. 어린 삼촌과 동무들은 쌓여가는 성냥에 잔뜩 신이 났다.

"자자, 차례대로 앉아 주세요."

"밀지 마시고 차례대로 천천히 앉으세요. 앞의 사람은 일어서지 마세요. 뒷사람들이 안 보입니다."

대고모 집 마당은 사람들로 북적했다. 너른 마당을 다 채우고도 모자라

대청마루와 장독대까지 빼곡하게 들어찼다. 뒤에 선 사람들은 방정환의 모습을 조금이라도 더 자세히 보려고 까치발로 섰다.

방정환은 자신의 이야기를 들으러 온 사람이 이렇게 많다는 사실에 깜짝 놀랐다. 그래서 더욱 힘을 내어 신나게 변사 흉내를 내며 환등기의 불빛을 바라보았다. 사람들은 방정환의 목소리를 들으며 까르르 웃고 즐거워했다. 환등 대회의 인기는 그야말로 대단했다.

그러나 환등 대회는 오래가지 못했다. 사람이 너무 많이 몰려오는 바람에 큰 사건이 터지고 만 것이다.

"와장창창! 쨍그랑!"

어디선가 나는 큰 소리에 사람들이 웅성거렸다. 방정환의 이야기도 멈췄다.

"에구머니나! 이를 어째!"

사람들이 방정환의 이야기에 빠져 장독대 위에까지 올라섰다가 그만 장독이 깨져 버린 것이다. 장독 가득 들어 있던 간장이 모두 쏟아져 나왔으니 대고모가 가만히 있을 리 없었다.

"아유, 이걸 어째. 이 큰 장독을 깨뜨려 버렸으니 우리는 무슨 수로 음식을 해 먹는단 말이냐!"

대고모는 더 이상 집에 사람들이 오지 못하도록 했다. 사람들에게 구경값을 받은 삼촌은 호되게 꾸지람을 들었다. 그리하여 환등 대회는 잠깐 동안의 인기를 뒤로한 채 끝이 났다.

훗날 방정환은 재미있는 동화를 지어 수많은 독자에게 사랑과 희망을 전해 주었다. 그런 방정환의 재능은 어릴 적 환등 대회에서부터 시작되었을 것이다. 힘든 일상에도 꺾이지 않고 마음속에 늘 꿈과 웃음을 품고 있었던 방정환. 그의 꿈은 불빛을 타고 밝게 빛나고 있었다.

3장
어려도
생각은 있지

갑자기 찾아온 가난에도 어린 방정환은 절망하지 않았다. 오히려 처절한 가난은 그를 더 강하게 만들어 주었다. 방정환은 현실이 어두울수록 긍정적인 마음으로 그것을 밝은 희망으로 받아들이려고 노력했다.

내가 부잣집 자식이니 돈이 있느냐? 양반의 집 자식이니 세력이 있느냐? 네가 태평한 사회에 낳으니 정해진 업이 있느냐? 무엇에 마음이 끌려서 용기를 못 낼 것이냐? 아무것도 없는 사람의 힘은 여기서 나는 것이니, 아무런 용기를 내기에도 꺼릴 것이 없고 얼마만 한 용기를 내어도 아까울 것이 없으며 내어서 밑질 것이 없지 않으랴.

없는 이의 행복은 여기에 있는 것이다. 한없는 용기밖에 내놓을 것 없는 데에 있는 것이다.

– 《**학생**》 신년호(1930년 1월) 머리말 <없는 이의 행복> 중에서

'없이 살아도 용기를 잃지 말자.'

이것이 시련 앞에서도 의연함을 잃지 않는 방정환의 자세였다.

하지만 방정환의 시련은 끝날 줄 몰랐다. 엎친 데 덮친 격으로 방정환의 가족이 사직골로 이사한 지 얼마 지나지 않아 누나가 시집을 가게 되었다. 그때 방정환의 나이가 열 살, 누나의 나이는 겨우 열두 살이었다. 아직 어린 나이지만 집안이 가난하다 보니 먹는 입을 줄이려고 시집을 보낸 것이었다.

"정환아, 내가 없어도 어머니 잘 보살펴 드려야 한다."

누나는 떠나면서도 남은 가족들을 걱정했다. 그동안 병약한 어머니의 간호를 도맡았던 누나는 방정환에게 그 일을 부탁했다.

"걱정 마. 우리 걱정은 하지 마."

누나를 안심시키면서도 방정환은 늘 가까이 있던 누나가 떠나는 것이 몹시 슬펐다. 방정환은 어릴 적 누나와 헤어진 슬픈 마음을 이렇게 시로 노래하기도 했다.

《학생》
1929년 3월 1일 방정환이 개벽사에서 창간한 학생 잡지.

날 저무는 하늘에

별이 삼형제

반짝반짝 정답게

지내더니

웬일인지 별 하나

보이지 않고

남은 별은 둘이서

눈물 흘린다.

- 《어린이》 1권 8호(1923년 9월)에 실린 〈형제별〉

그러나 가난하다고 해서, 슬프다고 해서 좌절할 방정환이 아니었다. 방정환은 어릴 적부터 재미있고 가치 있는 삶을 스스로 찾을 줄 아는 아이였다. 또한 동무들과 함께 무엇이든 이야기를 나누는 것을 좋아했다.

"얘들아, 오늘은 학교 놀이를 해 볼까?"

방정환은 동무들을 불러 모았다.

"돌아가며 선생님과 학생이 되어 서로 가르치고 배워 보는 거야."

"야, 거 재미있겠다. 함께 해 보자."

처음에는 네다섯 명이 모여 선생님이 되어 가르쳐 주고, 학생이 되어 질문을 하며 놀았다.

"얘들아, 이것으로 칠판을 만들자."

방정환은 궤짝을 뜯어서 먹칠을 한 다음 조그만 칠판을 만들었다. 나무에나 담벼락에다 칠판을 걸어 두고 하는 학교 놀이는 제법 그럴싸했다.

방정환이 칠판에 글씨를 썼다.

"손이 나으냐, 발이 나으냐?"

아이들은 멀뚱히 방정환이 쓴 글을 읽어 보았다.

"우리 이것에 대해서 함께 토론해 보자. 한 사람씩 자기주장을 말하는 거야."

잠시 생각한 뒤 아이들은 누가 순서를 정하지도 않았는데 차례대로 자신의 주장을 말했다.

"난 손이 낫다고 생각해. 손이 없으면 물건을 잡지도 밥숟가락을 들지도 못하잖아. 무엇을 잡아서 옮기려 해도 되지 않으니 손이 없으면 얼마나 불편하겠니? 손이 없으면 아무 일도 할 수 없어."

"아니야, 난 발이 낫다고 생각해. 손이 아무리 물건을 집는대도 발이 없으면 움직이질 못하는걸. 발이 없으면 학교도 못 가고, 냇가에 물놀이하러 갈 수도 없어. 손이 없어도 불편하겠지만, 그보다 발이 없어서 겪는 어려움이 더 크다고 생각해."

어찌 보면 토론거리도 되지 않는 우스운 내용이었지만 아이들의 태도는 사뭇 진지했다. 그도 그럴 것이 그때는 아이들이 자기 생각을 마음대로 펼칠 수 없던 시절이었다. 어른들에게 뭐라 말하고 싶어도 "어린 것이 어디 끼어들어?"라며 핀잔을 듣기 일쑤였다. "어른들 말씀하시는데 저리 썩 물러가서 놀아라."라는 말만 듣던 아이들이 그제야 비로소 자기 생각을 마음껏 펼칠 수 있게 된 것이다. 그러니 아무리 가벼운 주제라 해도 자기 스스로 질문을 던지고 답을 하는 토론 시간이 무척 재미있을 수밖에.

"하하. 이것 참 재미난다."

"그래, 우리 다음에 또 하자."

"정환아, 이참에 다른 동무들도 더 데리고 와서 하자."

아이들은 너도나도 토론회를 또 하자고 성화였다. 한 번, 두 번 토론회를 거듭할수록 함께하겠다는 아이들이 늘어나자 함께 모여 이야기 나눌 장소가 필요해졌다. 때마침 동무 중 한 명이 방을 빌려주기로 했다.

"좋아. 장소도 마련했으니, 이제부터 본격적으로 소년 **입지**회 활동을 시작하자."

"소년 입지회? 거 이름이 참 거창하고 좋다."

"우리 어린아이들도 각자 뜻을 곧게 세우고 생각을 떳떳하게 말할 수 있어야 해. 그런 뜻으로 우리 모임의 이름을 '소년 입지회'로 하는 거야."

이렇게 소년 입지회가 결성되었다. 사실 소년 입지회를 처음 만든 사람은 방정환이 아닌 **권병덕**이었다. 권병덕은 방정환의 아버지 방경수와 의형제를 맺을 정도로 친분이 두터운 사이로, 당시 동학에서 갈라져 나온 시천교를 믿고 있었다. 그런 그가 시천교에서 소년 입지회를 만들었던 것이다. 열세 살 이하의 어린이 회원들이 일주일에 한 번씩 모여 토론회를 열고, 서로의 지식과 의견을 나누는 모임인 소년 입지회에서 활동하며 방정환은 큰 영향을 받았다.

방정환이 이끈 소년 입지회는 처음엔 여덟 명 정도의 아이들이 모여 활동을 시작했다. 방정환은 일주일에 한 번씩, 일요일마다 모여서 소년 입지회를 열었다. 아이들은 일요일이 되면 집안일을 일찍 끝내고 약속 장소에 모였다. 공부를 하기 위해서가 아니라, 말 그대로 토론 놀이를 하기 위해 모이는 것이니 다들 빠지지 않고 꼬박꼬박 참여했다.

"물이 좋으냐, 불이 좋으냐?"

아이들은 일주일 내내 토론 주제를 생각해 온 다음, 칠판에 적고 함께 토론했다.

"그야 당연히 물이 좋지. 사람은 물이 없으면 살 수 없어."

"아니야, 불이 더 좋아. 불이 없으면 어떻게 음식을 익혀 먹을 것이고, 한겨울 추위를 어떻게 날 것이냐?"

"음식을 하려면 물도 있어야 해. 그러니 물이 더 귀한 것이야."

입지(立志)
'뜻을 세운다'는 의미.

권병덕
독립운동가(1867~1944). 3·1 운동 당시 민족 대표 33인 가운데 한 사람이었으며, 1894년 동학 농민 운동 때 손병희와 함께 교도를 이끌고 관군에 맞서 싸웠다. 그 뒤로 동학에서 갈라져 나온 시천교에 가담했지만, 시천교가 노골적인 친일 행위를 하는 데에 반대하여 다시 천도교로 돌아와서 독립운동에 매진하였다.

"음식을 물로만 하나? 불이 있어야 끓이고, 볶고, 굽고, 찔 수 있지. 불이 없으면 맛있는 요리를 할 수 없다고."

아이들의 토론은 꼬리에 꼬리를 물고 계속 이어졌다. 소년 입지회에서 토론한 주제는 '봄이 좋으냐, 가을이 좋으냐?', '바다가 좋으냐, 산이 좋으냐?'와 같은 것이었다. 어떤 날은 준비해 온 토론 주제가 부족할 만큼 토론에 빠진 적도 있었다. 비록 가난한 집에서 밥을 굶던 아이들이지만, 자유롭게 생각을 펼치는 재미에 빠져 정성으로 활동에 참여했다. 아이들이 자기 생각을 펼칠 수 없었던 시절이었기에 소년 입지회 활동은 아주 획기적인 것이었다.

그러나 소년 입지회의 활동이 늘 순조롭지만은 않았다. 소년 입지회 활동을 그만두어야 할 위기도 있었다. 모임 장소를 빌려주었던 친구가 이사를 가게 되어 활동 장소가 없어진 것이다.

"미안해서 어쩌지?"

"아니야. 지금까지 네가 방을 빌려주어서 우리가 얼마나 신나게 토론을 할 수 있었니?"

방정환은 친구를 원망하지 않았다. 오히려 지금까지 모임 장소를 내어 준 친구에게 진심으로 고마워했다. 물론 마음 한구석에서는 걱정이 싹텄다.

'큰일이군. 당장 다음 주부터 어디에서 토론을 한단 말인가?'

어쩔 수 없이 방정환과 소년 입지회 회원들은 작은 칠판을 들고 거리로 나섰다.

"아저씨, 사랑이 비었으면 저희에게 좀 빌려주시면 안 될까요?"

방정환은 골목을 기웃거리다가 적당한 집이 보이면 안으로 들어갔다. 그러고는 대뜸 방을 빌려 달라고 간청했다. 하지만 코흘리개 아이들에게 쉽사리 방을 내줄 주인은 없었다.

"행랑이나 창고도 좋아요. 무엇이든 빌려만 주십시오."

"이놈들이 뭐라는 거야? 에끼, 녀석들아. 얼른 가거라!"

아무리 떼를 써 보아도 쉬운 일이 아니었다.

"이가 없으면 잇몸으로라도 씹어야지!"

소년 입지회는 한적한 공터나 나무 아래에 칠판을 걸어 놓고 활동을 했다. 신기하게도 그런 어려운 상황에서도 소년 입지회에 참여하는 아이들 수는 점점 늘어만 갔다. 어른들에게 무시당하던 자신들이 마음껏 기를 펴고 말할 수 있는 시간이 어린아이들에게는 해방구와 같았기 때문이다. 서투르고 유치한 토론 놀이였지만, 아이들에게는 그 어느 때보다 진지하고 열정적이고 소중한 시간이었다.

소년 입지회는 점차 규모가 커져서 결성한 지 2년 만에 회원 수가 160여 명에 이르렀다. 방정환은 소년 입지회의 총대장이 되어 대운동회, 소풍, 밤 줍기 행사 등을 이끌었다. 물론 열두 살밖에 되지 않은 방정환 혼자서 160여 명이나 되는 단체의 행사를 책임진 것은 아니었다. 소년 입지회의 여러 활동을 주관한 인물은 권병덕이었고, 방정환은 어린 단원들을 이끄는 중요한 역할을 맡았다.

방정환은 열 살 무렵부터 소년 입지회 활동을 하며 자신의 생각을 또렷하게 말하는 능력을 키웠다. 어린아이가 무슨 생각이 있겠느냐고 무시하는 어른들도 많았겠지만, 어린 시절부터 방정환은 그렇게 자신의 뜻을 곧게 세워 나가고 있었다. 그런 작은 습관이 어른이 된 뒤에 말과 글로 자신의 생각을 활발히 펼칠 수 있는 원동력이 되었다.

역사 한 고개

천도교

조선 후기의 혼란스러운 사회를 개혁하고, 백성들을 돕기 위해 시작된 동학은 훗날 천도교로 이름을 바꾸고 민족 운동을 이끌었다.

제1대 교주 최제우 시대

동학이 일어난 1860년 무렵은 나라 안팎으로 매우 혼란한 시기였다. 안으로는 양반이 백성에게서 세금을 가혹하게 거두어들이거나 무리하게 재물을 빼앗는 일이 많아져 곳곳에서 민란이 일어났다. 밖으로는 일본, 러시아 등 강한 나라들이 조선을 침략하려고 호시탐탐 위협해 왔다.

이러한 때에 최제우는 하늘(한울)을 숭배하는 경천사상을 바탕으로 하는 민족 종교 동학을 창시했다. 동학은 사람이 곧 하늘이라는 '인내천', 앞으로 세상이 바뀔 것이라는 '후천 개벽', 나라를 지키고 백성을 편안하게 한다는 '보국안민', 널리 백성을 구한다는 '광제창생' 같은 사상을 내세워 고통받고 불안에 떨던 백성들의 큰 지지를 받았다. 동학 세력이 날로 커지자 위기를 느낀 조정은 동학이 사회를 어지럽게 만들었다며 최제우를 잡아들여 처형했다.

최제우

제2대 교주 최시형 시대

최제우가 처형된 뒤 동학의 제2대 교주가 된 최시형은 최제우의 억울함을 벗기고 종교의 자유를 얻기 위한 '교조 신원 운동'을 벌이는 등 많은 노력을 기울였다. 이러한 노력 덕분에 계속된 탄압에도 동학을 따르는 사람들이 날로 늘어 갔다.

당시 동학 신도들 사이에 탐관오리와 외세에 맞서 나라와

최시형

백성을 구하자는 주장이 일었다. 그 결과 1894년 전라도 고부에서는 군수 조병갑의 횡포에 맞서 전봉준을 중심으로 한 동학 농민 운동이 일어났다. 그러나 우금치 전투에서 동학군이 일본군에게 크게 패하면서 수많은 사람이 희생되었다. 결국 최시형마저 관군에게 잡혀 처형당하고 동학은 거센 탄압의 위기를 맞이했다.

제3대 교주 손병희 시대

제3대 교주인 손병희는 흩어진 동학을 다시 모으는 데 힘썼다. 1905년 동학을 '천도교'로 바꾸어 근대적인 종교 체제를 갖추려 하는 한편, 친일 활동을 한 일부 동학 지도자들을 몰아냈다. 위기에 빠진 나라와 백성을 구하기 위해 민족 운동 또한 이어 갔다. 1910년 일제에 나라를 빼앗기자 독립운동과 민족 해방 운동을 추진했고, 3·1 운동 때에는 민족 대표 33인 중 한 사람으로 참여했다.

이후 《개벽》, 《신여성》, 《어린이》, 《학생》, 《농민》, 《신인간》, 《별건곤》 등의 잡지를 발간하여 문화 운동을 추진했다. 또 여러 학교를 경영하거나 운영을 돕는 등 국민들을 교육하는 데도 힘썼다.

손병희의 53회 생일을 기념하여 찍은 가족사진
(맨 앞줄 왼쪽에서 네 번째가 손병희, 같은 줄 왼쪽에서 두 번째가 방정환)

4장
아무리 멀리 있어도 꿈을 놓지 말아야 해

방정환은 사직골로 이사한 뒤 더 이상 보성 소학교에 다닐 수가 없었다. 거리도 거리였지만 사립 학교인 보성 소학교의 수업료를 낼 돈이 없으니 어쩔 수 없는 선택이었다. 아이들을 삼삼오오 모아 소년 입지회 활동을 한 시기도 학교를 잠시 쉬고 있던 때였다.

"아무리 어려워도 신학문을 배워야 개명한 세상에서 사람 구실을 할 수 있지."

할아버지의 이러한 생각 덕에 1909년 방정환은 열한 살의 나이로 공립 학교인 매동 보통학교에 다시 입학했다. 망해 버린 집안이라도 한때는 사업을 크게 하던 사람이라 그런지 할아버지에게는 세상을 바라보는 안목이 있었다.

"정환이는 내가 데리고 가서 학교에 보내겠다."

방정환이 매동 보통학교에 입학할 수 있었던 데에는 대고모의 역할도 컸다. 방정환은 얼마간 대고모 집에서 학교를 다녔다. 그러나 학교가 집에서 멀어서 다니기가 불편하자, 집에서 좀 더 가까운 미동 보통학교로 전학을 했다. 방정환은 이렇게 몇 차례나 옮겨 다니며 겨우겨우 학교를 다닌 뒤에야 보통학교를 졸업할 수 있었다. 학교를 자주 옮긴 것도, 열다섯 살이 되어서야 보통학교를 졸업한 것도 모두 어려운 집안 형편 때문이었다.

"정환아, 앞으로 어찌 할 생각이냐?"

미동 보통학교를 졸업할 무렵 할아버지가 방정환을 조용히 불렀다.

"이제 상급 학교로 진학을 해야 하지 않느냐? 네 생각은 어떠냐?"

할아버지가 다시 차분히 물었다. 속마음이야 공부를 계속하고 싶었지만 자신이 처한 현실을 알기에 방정환은 선뜻 말을 꺼내지 못하고 망설였다.

"넌 워낙 영민한 아이라 무엇을 공부하든 잘할 것이야."

할아버지가 방정환의 눈치를 살피며 먼저 말을 꺼냈다.

"그래서 말이다. 정환아, 상업 학교에 가는 게 어떻겠니?"

"상업 학교요?"

방정환은 깜짝 놀랐다. 상업 학교에 갈 생각은 전혀 한 적이 없었기 때문이다. 방정환은 할아버지의 말이 적이 서운했다. 하지만 얼굴에 그 마음을 담지는 못했다.

"할아버지, 상업 학교라면……."

"그래. 상업 학교에 가면 학비도 적게 들 테고 상업에 대한 기술도 배우니, 네가 조금만 노력하면 은행원으로 취직할 수 있다는구나. 요즘처럼 어지러운 세상에 은행원이 얼마나 좋으냐? 게다가 네가 이제 우리 집 기둥이잖니."

방정환은 워낙 책을 읽고 글을 쓰는 일을 좋아했다. 그래서 상급 학교에 진학해서 책도 많이 읽고 새로운 학문을 더 배우고 싶었다. 하지만 자기 고집만 피울 수는 없었다. 따지고 보면 지금 당장이라도 취직해서 돈을 벌라고 하지 않고, 상업 학교에 진학하게 해 주는 것만으로도 자신을 아끼는 할아버지에게 고마워해야 할 일이었다.

"네, 알겠습니다. 할아버지의 뜻대로 하겠습니다."

"그래, 잘 생각했다. 넌 분명히 잘 해낼 거다. 장하다, 정환아."

방정환에게는 선택의 여지가 없었다. 1913년 방정환은 하릴없이 **선린 상업 학교**에 입학했다. 그런데 막상 상업 학교에 들어가 보니 그곳에서 배우는 과목은 방정환이 생각했던 것과는 거리가 멀었다.

'아휴! 온통 돈을 계산하는 방법, 숫자 세는 일, 장사하는 수완들만 배우는구나. 나에게는 도무지 관심 없는 것들뿐이야.'

상업 학교에서 배우는 과목들이 적성에 맞지 않으니 방정환에게 공부는 뒷전이었다. 대신 방정환은 잡지를 읽는 데 열중했다. 방정환은 잡지에서 접한 새로운 세상이 그저 신비롭게 느껴졌다.

"이 시는 그동안 봤던 한시와는 전혀 달라."

"외국에는 정말 신기한 것이 많구나."

방정환은 잡지를 보며 어려운 현실을 잊으려고 했다. 가난에 시달리며 추웠던 시절, 더욱이 일제에 나라를 빼앗겨 암울했던 시절에 접한 잡지들은 방정환에게 새로운 희망을 꿈꾸게 해 주었다. 당시 방정환은 **《붉은 저고리》**, **《아이들보이》**, **《새별》** 등의 잡지를 읽었다. 몇몇은 이미 폐간된 잡지라서 헌책방과 고물상을 다니며 겨우겨우 구해 읽었다.

'그동안 내가 너무 갇혀 살았구나. 세상은 넓고 내가 모르는 것이 너무 많아. 알면 알수록 내 모습이 작아 보여. 나는 더 넓은 세상을 바라보고 큰 꿈을 꾸며 살고 싶어.'

방정환은 새로운 꿈을 꾸기 시작했다. 막연하고 손에 잡히지 않는 꿈이었지만, 어두운 세상을 환하게 밝힐 수 있는 일이 자신을 기다리고 있을 거라고 믿었다.

잡지를 읽으면서 방정환은 자신의 마음이 더욱 풍성해지는 것을 느꼈다. 또 그런 자신의 감정을 글로 쓰고 싶은 욕구가 생겼다. 그때부터 방정환은 글을 써서 잡지에 보내기 시작했다.

선린 상업 학교
1899년 고종의 칙령에 따라 세워진 우리나라 최초의 국립 실업 학교. 개교 당시의 이름은 '관립 상공 학교'로, 여러 차례 이름이 바뀌었다가 지금은 '선린 인터넷 고등학교'로 남아 있다.

《붉은 저고리》, 《아이들보이》, 《새별》
최남선이 세운 출판사인 '신문관'에서 만든 어린이·청소년 잡지. 새로운 형태의 시와 문학 작품, 우리 문화를 발굴하고 전승하는 데 힘썼다.

어느새 선린 상업 학교 2학년이 되었다. 학교생활에서 점점 마음이 멀어지자 방정환은 상업 학교에 계속 다녀야 할지 깊은 고민에 빠졌다.

'이 길은 내가 갈 길이 아니야. 할아버지와 아버지는 나 때문에 인쇄소에서 눈칫밥을 드시며 일하신다. 어머니의 병환은 점점 깊어져 이제는 문밖 출입도 못할 지경이다. 이런 상황에서 내가 공부를 계속해서 무엇 하나?'

하지만 누구에게도 이런 고민을 말할 수 없었다. 자신의 말 한 마디가 할아버지를 얼마나 노하게 할지, 부모님을 얼마나 절망에 빠뜨릴지 잘 알고 있었기 때문이다.

'나는 이 학교에서는 배울 수 없는 문학이 좋다. 새로운 책을 읽고, 내 호기심을 글로 해결하고 싶어. 상업 학교의 공부는 내 호기심을 채워 줄 수 없어. 이럴 바에야…….'

드디어 방정환은 중요한 선택을 했다. 어쩌면 방정환의 인생에서 가장 운명적인 선택이었을지 모른다.

"선생님, 저는 학교를 그만두겠습니다."

"아니! 정환아, 그게 무슨 말이냐? 한 해만 더 다니면 졸업인데."

방정환의 결심을 들은 선생님은 깜짝 놀랐다. 그동안 학교 공부에 집중은 못 했지만, 그래도 방정환 정도면 졸업을 하고 충분히 은행원으로 일할 수 있었다.

"정환아, 다시 생각해 보아라. 졸업만 하면 조선은행 서기로 취직시켜 주마. 내가 약속하마."

"선생님, 그건 제 꿈이 아닙니다."

선생님이 아무리 설득해도 방정환의 마음을 움직일 수는 없었다. 오랜 고민 끝에 내린 결론인 만큼 이미 굳힌 마음은 아무도 돌릴 수 없었다.

"할아버지, 아버지. 죄송합니다."

집안 어른들은 한사코 반대를 했다. 어른들은 졸업만 하면 취직자리가 보장된 상업 학교를 그만둔다는 방정환의 입장을 받아들일 수 없었다.

"왜? 무엇 때문에 그러느냐?"

아무리 물어도 방정환은 꿈쩍도 하지 않았다. 어른들의 물음에 뚜렷한 목표를 대답할 수는 없었지만 단 한 가지, 그것이 자신의 꿈이 아닌 것만큼은 확실했다.

"죄송합니다. 저는 제가 할 수 있는 일보다 스스로 좋아하는 일을 하고 싶습니다. 그것이 제 꿈입니다."

그 말이 다였다. 아무리 현실의 짐이 무거워도 방정환은 자신의 꿈을 놓을 수 없었다. 비록 보이지도 않고 아득히 멀리에 있는 꿈이었지만 붙잡고 있으면 언젠가 가까이 다가올 것 같았다. 그런 믿음 하나로 방정환은 상업 학교를 그만두었다.

"그때 더 다녔으면 조선은행에서 만년 서기 노릇을 하였을걸세."

훗날 방정환이 어느 자리에서 한 말이다. 학업을 포기한 것은 방정환의 운명을 바꿀 만큼 결정적인 선택이었던 것이다.

상업 학교를 그만둔 뒤 방정환은 갖은 허드렛일을 하며 근근이 살았다. 그때 나이 열여섯이었다. 막상 학교를 그만두니 하루하루 살아갈 일이 까마득했다. 방정환은 돈이 필요했다. 밥을 먹을 돈보다 책을 사 읽을 돈이 더 간절했다. 배고프고 가난했지만 방정환에게는 배보다 정신을 채우는 일이 더 먼저였다.

열일곱 살 때 방정환은 운 좋게도 토지 조사국에 사자생으로 취직했다. 토지 조사국은 1910년 한일 병합 조약이 이루어질 즈음 일제가 우리나라의 토지를 조사하고 측량하기 위해 세운 기관이다. 사자생은 측량사들이 측량 작업을 하며 적어 놓은 기록들을 〈토지 조사부〉에 정확하게 정자로 베껴 쓰는 일을 맡았던 사람이다.

"아이고야, 하루 종일 흘려 쓴 글씨들을 따라 쓰는 일도 보통 일이 아니군그래."

〈토지 조사부〉는 글씨를 함부로 써서도, 틀린 글자가 있어서도 안 될 만큼 중요한 문서였다. 하루 종일 온 신경을 집중하여 한 글자씩 쓰다 보면 녹초가 되었다.

방정환이 사자생으로 일하며 번 돈은 하루에 20전이었다. 한 달을 꼬박 일해 봤자 받는 돈은 5원 안팎이었다. 비록 월급은 무척 적었지만, 방정환은 토지 조사국에서 아주 소중한 동무를 만났다.

"자네는 고향이 어딘가?"

"난 고양군에서 온 유광렬이라고 하네."

"반갑네. 나는 사직골에 사는 방정환이라고 하네."

"잘됐구먼. 우리 앞으로 친하게 지내세."

유광렬 역시 가난한 형편에 힘들게 살아온 처지였다. 방정환도 누나가 일찍 시집가고 외롭게 자라 온 터라 두 사람은 금세 친해졌다. 유광렬이 한 살 위였지만 친구처럼 형제처럼 가까이 지냈다.

"오늘은 무엇으로 끼니를 때우나?"

방정환과 유광렬은 일이 끝나면 늘 끼니 때울 일을 걱정했다. 적은 월급으로 하루 세 끼를 다 챙겨 먹기는 어려웠다.

"호떡이 아주 큼지막한 것이 먹음직스러워 보이네."

두 사람은 호떡 하나를 갈라 나누어 먹는가 하면 어떤 날은 비지떡으로, 어떤 날은 **술지게미**를 얻어먹는 것으로 저녁을 해결했다.

"이 친구야, 만날 이렇게 먹으니 몸이 비쩍 말랐어."

유광렬은 제대로 먹지 못해서 비쩍 마른 방정환의 몸을 걱정했다.

"허허, 이 친구 참. 자네는 뭐 저녁마다 청요릿집에서 산해진미를 차려 푸짐하게 먹나 보군."

두 사람은 서로 웃고, 서로에게 기대며 힘든 나날을 보냈다.

먹는 것만 문제가 아니었다. 일정하게 묵을 집이 없었던 방정환과 유광렬은 그날그날 주막의 봉놋방에서 잠을 잤다. 봉놋방은 큰 방 하나에 여러 사람이 모여 자는 숙소로, 대개 노동자나 봇짐장수가 이용했다.

"와! 40명은 되겠군."

"하하, 그럼 오늘은 40명의 사람에게 또 재미있는 이야기를 들어 볼 수 있겠구먼!"

누군지도 모르는 사람들과 다닥다닥 붙어 자야 했지만, 방정환은 그 속에서도 다른 사람들의 사연을 들을 수 있어서 좋았다.

"이보게, 왜 우리는 일본에 나라를 빼앗기고 말았을까?"

"그야 힘이 없어서 그렇겠지."

"그러면 어떻게 해야 우리도 힘이 생길까?"

"글쎄. 나라가 망한 게 윗사람 탓인지 이름 없는 백성의 탓인지는 모르겠으나, 모두가 정신을 바로 차려야 빼앗긴 나라를 되찾지 않겠나?"

방정환과 유광렬은 봉놋방 귀퉁이에서 나라 잃은 설움을 이야기했다.

"이 작품을 읽어 보았나?"

"아, 그것 참 좋더군. 아주 가슴 절절하게 슬프고, 슬프면서도 아름다운 이야기였어."

또 두 사람은 신문이건 잡지건 가리지 않고 활자로 찍어 낸 글은 손에 닿는 대로 함께 읽고 토론했다. 둘의 토론은 문학, 정치, 사회 등 주제를 가리지 않고 끝없이 이어졌다. 방정환과 유광렬은 당장 눈앞에 벌어진 문제에 대해 똑 부러지는 해결책을 마련하지는 못했지만, 불확실하게나마 무언가를 이루려는 꿈을 늘 안고 살았다.

이 시절 방정환이 품은 꿈은 훗날 작가로서, 문화 운동가로서, 그리고 독립운동가로서 그의 길을 걷는 데 큰 힘이 되었다.

술지게미
술을 짜내고 나서 남은 술 찌꺼기.

일제의 토지 조사 사업

1910년 8월 29일, 일제의 강요로 한일 병합 조약이 체결된 이후 일제는 경제, 교육, 문화 등 모든 분야에 걸쳐 우리나라를 지배했다. 일제가 우리나라를 식민지로 삼으면서 맨 먼저 궁리한 것은 토지를 빼앗는 것이었다. 이를 위해 일제는 우리나라에 근대적 토지 제도를 마련해 준다는 명분을 내세우며 토지 조사 사업을 실시했다. 하지만 실제로는 일본인이 우리나라의 토지를 자유롭게 소유할 수 있게 하고, 미신고 토지를 포함하여 대한제국 황실이나 공공 기관에 속했던 땅과 한 집안이나 마을에서 공동으로 관리하던 땅 등 주인이 명확하지 않은 땅을 빼앗는 것이 목적이었다. 토지에 세금을 매겨 식민지 통치에 필요한 자금을 확보하려는 속셈도 있었다. 세금을 매기려면 땅의 주인, 가격, 크기, 모양 등을 정확하게 알아야 했기 때문에 대대적으로 토지 조사 사업을 펼친 것이다.

토지를 측량하러 가는 사람들

토지 조사 사업의 과정

일제는 한일 병합 이전부터 우리나라의 토지를 빼앗기 위한 정책을 펼쳤다. 1908년 동양 척식 주식회사를 세워 조선 총독부에서 넘겨받은 토지를 일본인에게 싸게 되팔아 일본인들이 우리나라에 정착하여 살 수 있도록 도왔다. 한일 병합 직후에는 토지 조사국을 설치하고, 1912년 토지 조사령을 내린 이후 1918년까지 본격적으로 토지 조사 사업을 진행했다. 일제가 내세운 '신고주의' 원칙에 따라 땅을 가진 사람은 스스로 자신의 소유권을 증명하는 서류를 준비해 신고해야 했다. 만약 소유권을 증명하지 못하거나, 신고하지 않으면 땅 주인으로 인정받지 못했다.

그러나 당시 우리 농민들은 토지 조사에 대한 지식이 없었다. 게다가 농민들이 토지 신고를 못하도록 일부러 신고 과정을 더 까다롭게 만들어 놓는 경우도 있었다. 글을 몰라 일본어로 쓰인 신고서를 작성할 수 없는 농민도 많았다. 신고하지 않았다는 이유로 대대로 물려받은 토지를 빼앗아 가지는 않을 거라고 생각한 농민도 있었고, 일제가 하는 사업이라면 무조건 거부하는 사람도 많았다.

동양 척식 주식회사

토지 조사 사업의 결과

여러 이유로 신고하지 않아 일제의 손에 넘어간 땅이 1918년까지 전 국토의 40퍼센트나 되었다. 일제는 이렇게 빼앗은 토지를 우리나라에 건너온 일본인들에게 싼값에 되팔았다. 결국 우리 농민들은 농사를 짓기 위해 일본인들에게 소작료를 내야 할 형편이 되었다. 이처럼 일제가 우리의 땅을 빼앗고, 토지세와 소작료를 더 많이 거두어들이는 바람에 우리 농민들은 살아가기가 매우 혹독해졌다.

5장
인생의 길 위에서 뜻을 세우다

토지 조사국을 그만둔 뒤 방정환은 천도교당에 나가기 시작했다. 독실한 천도교 집안에서 태어나 어릴 적부터 보고 들은 것이 있으니, 방정환은 천도교당에 나가 가르침을 받는 일이 전혀 어색하지 않았다. 방정환은 천도교당에서 청년회의 일을 거들거나, 소년반 아이들을 맡아 지도했다.

'나는 어디로 가야 할까? 나는 무엇을 해야 할까?'

천도교당에서 보내는 나날이 이어지며 방정환의 고민은 더 깊어졌다. 앞으로 자신이 나아가야 할 방향을 뚜렷이 정하지 못했기 때문이다. 꿈이 있다고 한들 펼쳐 나갈 힘이 없었다. 나라는 일제에 빼앗겨 어지러웠고, 집안은 몰락하여 마땅히 할 수 있는 일도 없었다. 꿈은 있으나 길이 없었고, 세상은 날로 어지러워졌다. 방정환에게는 어지러운 세상에 맞설 단단한 무기가 없었다. 그런 방정환의 인생에 커다란 전환점이 되는 일이 일어났다. 1917년의 어느 날이었다.

"자네 날 좀 따라오게."

천도교당에서 허드렛일을 하던 방정환을 부른 것은 권병덕이었다. 천도교 조직의 핵심 인물이었던 권병덕은 소년 입지회 시절부터 방정환의 총명함을 눈여겨봐 왔다.

"어디를 가십니까?"

"일단 와 보면 알아. 중요한 자리니까 몸가짐을 단정히 하게."

권병덕은 무게감 있는 목소리로 일렀다. 방정환은 영문도 모른 채 긴장된 표정으로 뒤를 따랐다.

"어서 오게나."

권병덕은 방정환을 손병희 앞으로 데려갔다. 손병희는 천도교의 교주이자 민족 지도자였다. 방정환은 하늘 같은 손병희 앞이라 고개도 들지 못하고 있었다.

"고개를 들어 나를 똑바로 쳐다보게."

어려운 자리인 만큼 방정환은 잠시 망설이다가 조심스럽게 고개를 들어 손병희와 눈을 마주쳤다. 손병희는 방정환의 얼굴을 요모조모 살펴보았다. 두 사람은 잠시 동안 아무 말 없이 눈빛을 나누었다.

"그 정도면 됐네."

손병희의 말이 떨어지자마자 방정환은 어쩔 줄을 몰라 다시 고개를 숙였다.

"잠깐 나가 있게나."

권병덕이 말했다. 방정환은 도대체 무슨 일인지 알 수 없었지만 시키는 대로 밖으로 나갔다.

"직접 보시니 어떻습니까?"

방정환이 자리를 뜨자 권병덕이 손병희에게 물었다.

"어쩌면 사람이 그렇게까지 마를 수가 있나?"

방정환을 두고 하는 말이었다. 사실 그날의 자리는 권병덕의 추천으로 손병희의 사윗감을 선보는 자리였다. 방정환은 자신도 모르는 사이에 장인이 될 사람 앞에 선을 보인 것이다. 손병희는 바짝 마른 방정환의 모습을 보고 선뜻 결정을 내리지 못했다.

"사람은 똑똑하나 어릴 적에 너무 굶주려서 마른 것이니 잘 먹으면 괜찮을 것입니다."

권병덕은 손병희의 사위로 방정환을 적극 추천했다.

"그동안 제가 봐 온 바로는 야심이 크고 똘똘하며 매우 부지런합니다. 또한 통솔력이 있어 사람들이 잘 따르지요."

손병희는 잠시 고민을 했다. 비쩍 마른 몸이지만 매섭게 반짝이던 방정환의 눈빛을 떠올렸다. 그 눈빛에서 큰 힘이 느껴졌다.

"그러세."

마침내 손병희가 승낙을 했다. 그리하여 방정환은 손병희의 셋째 딸 손용화와 결혼을 했다. 그때 방정환은 열아홉, 손용화는 열일곱 살이었다.

결혼을 한 뒤 방정환의 생활은 완전히 달라졌다. 몰락한 집안에서 자신의 꿈을 펼치지 못하던 비쩍 마른 청년이 손병희의 사위가 되고 나서는 완전히 다른 사람이 되었다. 더 이상 자신의 꿈을 뒤로 물려 둔 채 웅크려 있을 필요가 없었다. 방정환은 비로소 든든한 후원자를 만난 셈이었다.

"이제 자네가 뜻한 바를 이루어 보게나."

가난한 형편 때문에 그만두었던 공부도 시작했다. 방정환은 상업 학교가 아닌 보성 전문학교에 입학해 그동안 하지 못했던 공부에 파고들었다. 그리고 예전부터 관심이 있었던 글도 더 많이 썼다. 여러 잡지에 글을 써서 투고하였고, 자신의 생각을 조금씩 밖으로 드러내기 시작했다.

"젊은 사람이 그렇게 비쩍 말라서 어떡하겠나?"

방정환의 마른 몸이 걱정이었던 처가 어른들은 몸에 좋다는 음식과 보약을 해 먹였다. 그러면서 방정환의 몸에도 서서히 살이 붙기 시작했다.

그때부터 방정환은 자신이 가야 할 길이 서서히 보이기 시작했다. 그리고 그 길에서 해야 할 일, 하고 싶은 일도 생겨났다. 방정환은 절친한 벗 유광렬을 만나 고민을 털어놓았다. 유광렬은 토지 조사국을 나온 뒤 고향인 고양군으로 돌아가 면 서기로 일하면서도 방정환과 계속 소식을 주고받았다.

"자네는 이 나라가 걱정되지 않는가?"

"그야 두말하면 잔소리지. 이 판국에 나라 걱정이 안 된다면 어찌 조선의 청춘이라 하겠는가?"

"그렇지? 광렬이 자네도 그럴 줄 알았네."

방정환은 유광렬도 자신과 같은 뜻을 가지고 있다는 것을 확인하고는 기뻐했다. 그리고 조심스레 말을 이었다.

"나라를 바로잡는 일은 혼자 힘으로는 절대 할 수 없어. 그러니 우리처럼 한뜻을 품은 사람들을 모아 동지 모임을 만드는 게 어떻겠나?"

방정환의 말에 유광렬은 기대와 걱정이 한데 섞인 표정을 보였다.

"말하자면 비밀 결사 모임이지. 그렇게 삼삼오오 뜻을 모으면 분명 나라에 보탬이 되는 일을 할 수 있을 거야."

"그런데…… 지금 무단 통치다 뭐다 해서 일제의 감시가 아주 심하지 않는가? 조선 사람 세 명만 모여 있어도 눈에 불을 켜고 뒷조사를 할 거란 말이야. 자칫 잘못하면 일을 시작하기도 전에 경찰에 붙잡혀 갈지도 몰라."

유광렬의 걱정도 옳았다. 당시 일제는 우리나라의 국권을 빼앗고 우리 민족을 무력으로 짓누르며 매우 강압적으로 통치했다. 그러니 우리 젊은이들이 모임을 결성하는 것을 그냥 놔둘 리가 없었다. 방정환은 자신이 할 일이 무엇인지는 어렴풋이 깨달았지만, 그것을 어떻게 실행에 옮길지는 확신이 서지 않았다. 방정환과 유광렬의 고민이 깊어졌다.

며칠 뒤 가회동 방정환 집에 청년들이 모였다. 유광렬과 이복원, 이중각이었다. 이들은 방정환과 뜻을 같이하여 청년 모임을 만들기로 했다.

"모임의 이름을 무엇으로 하면 좋을까요?"

네 사람은 우선 모임의 이름을 짓기로 했다.

"글쎄 말입니다. 어떻게 해야 시뻘건 눈으로 달려드는 일본 경찰의 시선을 피할 수 있을까요?"

"모임의 이름에 **구락부**를 붙이면 어떻겠습니까?"

"너무 흔한 이름이 아닐까요? 게다가 일본인 냄새가 나는 이름 같아서 개운하지도 않고요."

"꼭 그렇지만은 않습니다. 일본 경찰의 눈을 피하려면 흔한 이름으로 하는 편이 더 나을지도 몰라요. 청년 구락부는 싱거운 이름이긴 해도 우리의 목적을 숨기고, 단순한 친목 단체로 위장하기에는 아주 좋은 이름입니다."

"음, 일리가 있는 말이군요. 우리의 뜻을 이름에 직접 드러내는 건 너무 위험한 일이니까요."

"좋습니다. 그럼 우리 모임의 이름을 '경성 청년 구락부'라고 합시다."

이렇게 경성 청년 구락부가 만들어졌다. 경성 청년 구락부는 일제의 눈을 피해 빼앗긴 나라에 힘을 보태는 일들을 비밀리에 해 나갔다. 이복원이 회장이 되었고, 이중각이 부회장이 되었다. 방정환이 주도하여 만든 단체이지만 정작 방정환은 주요 자리에서 물러나 있었다.

"아니, 무슨 말입니까? 당연히 방 형이 회장이 되어야죠."

처음에 이복원은 회장의 자리를 한사코 사양했다. 이 모임은 누가 뭐래도 방정환이 시작한 데다가 가장 중심에 서서 일하기도 했기 때문이다.

"우리 모임의 회장은 당연히 자네가 맡아야지. 어찌 뒷자리로 물러선다는 말인가?"

구락부
'클럽'의 일본식 표현. 같은 취미 활동을 하거나 친목을 다지려고 결성한 모임을 뜻한다.

유광렬의 설득에도 방정환은 끝내 회장 자리를 마다했다.

"아니네. 내가 회장이 되어서는 일을 마음대로 할 수 없다네. 그러니 차라리 그대와 나는 테두리 밖에서 일하는 것이 나을 걸세."

방정환의 뜻을 들어 보니 그 마음을 이해할 수 있었다.

"궂은일은 저와 유광렬이 맡을 테니, 두 분이 회장과 부회장 자리에서 중심을 잡아 주십시오."

방정환이 끝까지 앞에 나서지 않고 뒤에서 묵묵히 일하기를 고집하자, 나머지 사람들은 방정환의 완고한 뜻을 따를 수밖에 없었다.

경성 청년 구락부는 청년들에게 민족의식을 북돋아 주기 위해 여러 행사를 추진했다. 겉으로는 일제의 눈을 피하려고 음악회, 연극회, 야유회 등 친목을 도모하는 행사를 열었지만 속뜻은 따로 있었다.

"우리의 첫 행사는 구파발 밤 나무 동산에서 밤 줍기 대회가 어떨까요?"

"그것 참 재미있겠군요. 밤 줍기 대회를 한다는데 일본 경찰이 반대할 리도 없고요."

"그렇죠. 밤 줍기 대회도 열고, 나라와 민족에 대해 함께 이야기하는 자리도 마련해 봅시다."

경성 청년 구락부의 첫 행사인 밤 줍기 대회에는 제법 많은 사람이 모였다. 회원도 하나둘 늘어나더니 얼마 지나지 않아 200여 명이나 모였다.

첫 행사를 진행하며 방정환은 자신감을 얻었다. 가진 것 없는 청년들이 그동안 얼마나 억눌린 채 살아왔는지 느낄 수 있었고, 그들의 생각을 모으면 큰 힘이 될 거라는 믿음도 생겼다. 그래서 방정환은 청년들을 위한 잡지를 만들기로 결심했다.

"우리 청년들의 작은 외침을 담을 만한 잡지를 만들어 보고 싶어."

방정환은 일사천리로 일을 진행했다. 잡지의 이름은 《**신청년**》이라고 정했다. 그리고 창간호에 실을 글을 모으려 많은 사람들을 만나고 다녔다. 그 중에는 **한용운**도 있었다.

"선생님, 저희 잡지에 글을 부탁드립니다. 이 나라 청년들을 맑은 정신으로 일깨울 가르침을 주십시오."

한용운은 《신청년》 창간호에 다음과 같은 머리말을 써 주었다.

한강의 깊은 물에 자맥질하는 사람들아 아느냐

오대산 바위틈에서 실낱같이 흐르는 그 물의 근원을

- 《신청년》 창간호(1919년 1월) 머리말 중에서

한용운은 청년들의 목소리가 아직 정확하고 아름다운 노랫소리는 아닐

《신청년》
경성 청년 구락부에서 만든 잡지. 1919년 1월에 발간하여 1921년 7월 6호를 끝으로 폐간되었다.

한용운
시인·승려·독립운동가(1879~1944). 3·1 운동 당시 민족 대표 33인 가운데 한 사람으로, 호는 '만해'이다. 시집 《님의 침묵》 등을 남겼다.

지라도 그 소리가 멀리 퍼져 나가 온 나라에 닿을 것이라는 가르침을 주었다. 또한 청년들의 작은 노력이 비록 실낱같이 흐르는 물줄기 같지만, 그것들이 모여 큰 강을 이룰 것이라며 기운을 북돋아 주기도 했다.

방정환은 《신청년》 발간을 앞두고 동분서주하면서도 그해 연말에 열 송년 모임을 준비하는 데도 여념이 없었다.

"경성 청년 구락부의 송년 모임을 위해 제가 준비하는 게 있습니다. 연극을 발표해 보고 싶어요."

"연극이라면 방 형 혼자서 할 수 있는 게 아닐 텐데요."

"그러니 여러분께 부탁을 하려고 합니다. 부디 함께 해 주십시오."

"좋습니다. 방 형이 한다는데 우리가 당연히 도와야지요. 그런데 그 연극이 어떤 내용입니까?"

방정환이 연극의 내용을 말하자 다들 걱정 어린 눈길로 서로를 쳐다보았다.

"좀 위험하지 않을까요? 만약 경찰에 걸리기라도 하면……."

"그래도 해야지요. 우리의 목소리를 당당히 내야 해요. 우리는 단순히 먹고 마시기 위한 모임이 아니지 않습니까? 그러니 당당히 우리의 뜻을 말해 봅시다."

그들은 그렇게 해서 비밀리에 연극 공연을 준비했다.

1918년 12월 송년회 날이 되었다. 봉래동에 있는 소의 소학교에 100여 명이 넘는 사람이 모였다. 송년회라고는 했지만 화려하기보다는 조촐했다. 그래도 그 자리에 모인 많은 사람들은 아무 불평도 하지 않았다.

잠시 뒤 방정환이 무대 앞으로 나가 칠판에 커다랗게 글씨를 썼다.

"ㅇㅇ령"

두 글자가 가려진 연극 제목을 보고 사람들은 의아해했다. 방정환은 혹시 모를 일본 경찰의 감시를 피하려고 제목을 숨긴 것이었다.

"오늘 이 자리에 모인 여러분을 위해 우리의 뜻을 연극으로 보여 드리려고 합니다. 잘하지는 못하더라도 제가 전하고자 하는 뜻을 잘 알아주시기 바랍니다. 연극의 제목은 〈동원령〉입니다."

연극이 시작되었다. 방정환은 연극의 극본을 쓰고, 연출에, 주인공인 농부 역할까지 맡았다. 아내 역을 맡을 사람이 없어서 남자 회원이 여자 분장을 하고 연기했다. 송년회에 모인 사람들은 방정환이 전하고 싶은 뜻을 생각하며 진지하게 연극을 관람했다. 연극의 내용은 대략 이러했다.

가난한 농부가 일본인에게 비싼 이자를 주며 돈을 빌렸다. 농부가 제때 돈을 갚지 못하자 일본인은 심하게 빚 독촉을 해 댔다. 그러던 어느 날 남편이 병든 아내의 약을 지으러 나간 사이에 일본인이 와서 온갖 가재도구에 솥까지 떼어 가 버렸다. 집에 돌아와 그 일을 알게 된 남편이 울부짖는 아내를 달래는데……

방정환은 연극 〈동원령〉에서 일본의 침략에 맞서 우리 민족의 힘을 동원해야 한다는 뜻을 전하려고 했다. 방정환은 경성 청년 구락부 활동을 하면서 자신이 무엇을 해야 할지를 깨달았다. 앞이 안 보일 만큼 막막했던 인생의 길에서 서서히 자신이 나아가야 할 길을 찾았던 것이다.

일제의 무단 통치

조선 총독부는 1910년 한일 병합 이후 1945년 광복이 될 때까지 35년간 우리나라를 지배했던 일본의 통치 기관이다. 조선 총독부의 초대 총독인 데라우치는 헌병 경찰을 내세워 우리 민족의 저항을 강압적인 무력으로 억눌렀는데, 이를 '무단 통치'라고 한다.

헌병 경찰

일제는 무단 통치를 하기 위해 방방곡곡에 헌병 경찰을 두어 조선인을 통제했다. 원래 군대의 질서를 유지하는 경찰인 헌병에게 일반인까지 단속하게 하면서 한반도 전체를 공포 분위기로 만들었다.

헌병 경찰에게는 그 자리에서 조선인에게 태형(곤장으로 볼기를 때리는 벌) 등의 벌을 줄 수 있는 권한이 있었다. '조선인 세 사람만 모여 있어도 눈에 불을 켜고 조사를 한다'는 말이 있을 정도로 헌병 경찰은 민족 운동 단체들을 탄압하고, 독립운동가들을 잡아 가두고, 조선인의 자유와 권리를 탄압했다.

게다가 일제는 조선인을 헌병 보조원으로 고용했다. 조선인 헌병 보조원들은 권력을 얻기 위해 일본인보다 더 악랄하게 조선인을 억압하기도 했다. 이때 활개를 친 사람들은 일제 강점기 내내 친일 세력으로 자리를 잡았다.

총과 칼을 찬 일본군 헌병 경찰

언론 및 출판, 교육의 자유 억압

일제는 신문지법, 출판법, 보안법 등을 만들어 허가 없이는 마음대로 신문이나 책을 만들지도 못하게 했다. 방정환이 《신청년》을 만든 때도 바로 이 무단 통치 시기였다. 일제는 우리 민족 교육의 뿌리였던 서당과 사립 학교도 대부분 없앴다. 또한 위인전이나 민족의식을 불어넣는 책들을 읽지 못하게 하는가 하면, 선생님까지 칼을 차고 수업을 하게 했다.

칼을 찬 일본인 교사

무단 통치의 결과

매섭게 몰아치던 무단 통치도 1919년을 기점으로 방향이 바뀌었다. 1919년 3월 1일, 조선인의 분노가 치솟아 '3·1 운동'으로 표출된 것이다. 3·1 운동을 계기로 일제는 무력과 강압만으로 우리 민족을 지배하기는 어렵다는 것을 깨닫고 무단 통치를 폐지했다. 그 대신 한민족의 문화와 관습을 존중하고 조선인의 이익을 위한다며 '문화 통치'를 내세웠다. 하지만 실제로는 경찰의 수를 더욱 늘리고 친일파를 길러 우리 민족을 분열시키려는 교활한 정책을 펼쳤다. 겉으로는 우리 민족을 위하는 척하면서 우리 민족의 단결을 억압하고 독립운동을 막으려고 한 것이다.

6장
부족한 만큼 더 노력하라

경성 청년 구락부의 송년회를 마치고 기미년(1919년) 새해가 밝았다. 해가 바뀌어도 일제의 강압은 여전했다. 아니 그들은 탄압의 날을 더욱 시퍼렇게 갈고 있었다. 강추위가 몰아치던 1월의 어느 날 유광렬이 방정환을 만나러 집으로 찾아왔다.

"잘 왔어. 요즘 아무래도 이상해."

방정환이 방으로 들어오는 유광렬을 부여안고 말했다.

"무슨 일이라도 있나?"

유광렬이 놀라며 물었다.

"지금 어른들이 우리 선생님을 중심으로 큰일을 꾸미고 계신 것 같아."

"큰일이라니! 거국적인 독립운동이라도 펼친단 말인가?"

유광렬은 방정환의 말뜻을 짐작하여 되물었다.

"그래. 아마 곧 전국에 흩어진 우리 국민의 마음이 하나로 모아질 것 같아. 엄청난 일이 벌어지고 있는 게 분명해."

방정환이 급박한 심정으로 유광렬에게 말했다. 그 심정이 얼마나 절절했으면 눈에서는 눈물이 흐를 지경이었다.

"그 정도인가? 정말 거국적인 독립운동이 일어난단 말이지? 자네가 알고 있는 걸 좀 더 말해 보게. 궁금해서 견딜 수가 없다네. 손병희 어른께서 무슨 일을 계획하고 계신가?"

방정환은 두근거리는 마음을 억지로 누르며 차근차근 말했다. 작은 목소리가 간간이 떨렸다.

"작년에 불란서(프랑스) 파리에서 **강화 회의**가 열렸다지? 또한 미국 대통령은 **민족 자결주의**를 주장했다고 해. 이 일을 계기로 해외와 국내에서도 우리의 독립을 위해 은밀하게 일이 진행되고 있었나 봐.

강화 회의
서로 전쟁하던 나라가 전쟁을 끝내고 화해하기 위해 여는 회의. 제1차 세계 대전이 끝난 뒤 프랑스 파리에서 전쟁에 대한 책임을 가리고, 영토 조정과 평화 유지를 위해 할 일들을 협의하는 강화 회의가 열렸다.

민족 자결주의
민족의 문제는 그 민족 스스로 결정해야 한다는 주장. 미국 윌슨 대통령이 미국 의회에서 주장한 것으로, 약소국들에 식민 지배에서 벗어날 수 있다는 희망을 주었다.

"국내와 해외까지? 그야말로 온 민족이 나서는 일이군."

"어른들이 나서지 않으면 우리라도 앞장서서 무언가 하려던 참이었는데 잘되었어. 일제에 찢긴 우리 민족의 상처를 치료하려면 아픔을 감수해서라도 썩은 살을 도려낼 수밖에. 지금 어른들께서는 분명히 거족적인 큰일을 계획하시는 것 같으니 우리도 마땅히 따라가세!"

방정환은 유광렬의 눈을 보며 굳게 주먹을 쥐었다. 유광렬도 방정환의 손을 잡으며 힘을 더했다.

"잘됐군. 그렇지 않아도 며칠 전 고종께서 승하하신 일로 사람들 여론이 뒤숭숭해. 고종께서 독살당하셨다는 말까지 떠돌고 있으니 분한 마음을 감추지 못하는 사람들이 많아. 그러니 모든 국민이 똘똘 뭉쳐 독립을 외치기에는 지금이 더할 나위 없이 좋은 시기 같아. 이 판국에 우리가 가만히 있을 수 없지. 다 함께 일어나야지. 난 기꺼이 자네를 돕겠네."

두 사람은 손을 굳게 잡았다. 마주 잡은 두 손에서 힘이 느껴졌다.

며칠째 방정환의 집에는 사람들의 비밀스런 출입이 부쩍 잦아졌다. 모두들 조심스레 왔다가 소리도 없이 돌아갔다. 날이 갈수록 손병희의 표정에는 굳은 결기와 긴장감이 감돌았다.

3월 1일의 날이 밝았다. 이른 새벽에 **청수**를 모시고 기도를 올리는 손병희의 표정이 다른 때보다 더욱 굳어 있었다. 방정환은 장인의 뒷모습에서 느껴지는 거대한 기운에 숙연해졌다.

손병희는 조용히 가족들을 불러 모아 담담히 말을 전했다.

"지금 급히 볼일이 있어서 어디를 가는데, 한 달이 걸릴지 두 달이 걸릴지 모르겠다."

　손병희는 평소와 다르게 식구들에게 준엄하게 일렀다. 아무도 손병희의 뜻을 막을 수 없었다. 손병희는 사위들에게 가족과 천도교당을 돌봐 달라고 당부했다. 그러고는 인력거에 몸을 실었다. 손병희가 인사동에 있는 태화관에 이른 시간은 정오쯤이었다.

　두 시 무렵이 되자 오기로 했던 사람들이 모였다. 〈독립 선언서〉에 서명을 한 33명 가운데 29명이었다. 그들은 〈독립 선언서〉를 앞에 두고 굳은 표정으로 앉아 있었다.

　"다들 모이셨군요. 애초에 우리는 파고다 공원에서 〈독립 선언서〉를 낭독하기로 했습니다. 그러나 수많은 군중 앞에서 〈독립 선언서〉를 낭독하면 자칫 젊은이들이 혈기를 앞세워 일제 세력과 충돌이 일어날 것이 걱정이었습니다. 우리는 무력 충돌이나 많은 사람이 다치는 것을 결코 원하지 않습니다. 평화적인 시위로 우리의 뜻을 세상에 알리고자 이곳으로 모이게 되었습니다."

　모두들 근엄하게 〈독립 선언서〉를 바라보았다. 그리고 한마음이 되어 조선이 독립된 나라인 것과 조선 사람이 자주 국민인 것을 선언했다.

청수(淸水)
맑은 물. 천도교에서는 천도교 창시자인 최제우가 형벌을 받을 때 청수를 받은 뒤에 죽었다고 하여 교주의 성스러운 피를 뜻하기도 한다.

모인 사람들 중 한용운이 나서서 만세 삼창을 외쳤다.

"대한 독립 만세! 대한 독립 만세! 대한 독립 만세!"

한용운의 선창을 따라 다 함께 뜻을 모아 소리 맞춰 만세를 외쳤다.

"이제 우리 대한은 당당한 자주 독립국이며, 평화를 사랑하는 세계에서 으뜸가는 국민임을 재차 선언합니다. 이것으로써 세계 모든 나라에 알려 인류가 평등하다는 큰 뜻을 밝힙니다. 또한 자손만대에 일러, 겨레가 스스로 존재하는 마땅한 권리를 영원히 누리도록 해야 할 것입니다."

만세 삼창이 끝나고 민족 대표들은 자진해서 경찰에 신고를 했다. 그날의 독립 선언은 어디까지나 평화적인 시위라는 것을 보여 주기 위해서였다. 이윽고 순사 70여 명이 태화관을 포위했다. 독립 선언에 가담했던 사람들은 순순히 붙잡혀 갔다. 손병희를 필두로 한 민족 대표들을 태운 차량이 태화관을 빠져나가자 이미 알고 온 많은 학생이 눈물로 배웅했다. 길가에 있던 학생들과 군중들은 모자를 벗어 던지며 독립 만세를 외쳤다. 경찰에 붙들린 채 차 안에 있는 사람이나 길가에서 배웅하는 사람이나 모두들 울먹이는 목소리로 끝까지 만세를 외쳤다.

같은 시각, 학생들을 비롯한 수많은 국민이 거리거리마다 쏟아져 나와 목이 터져라 만세를 외쳤다. 파고다 공원에 모인 사람들은 〈독립 선언서〉를 뿌리며 자신들의 목소리가 조금이라도 더 멀리 퍼져 나갈 수 있도록 힘껏 외쳤다.

"대한 독립 만세!"

태극기를 손에 들고 수많은 사람들이 거리를 행진했다. 독립을 향한 외침은 서울뿐만 아니라 전국 각지, 해외로까지 이어졌다.

이날 방정환은 거리의 사람들에게 〈조선 독립신문〉을 돌렸다. 그날 신문의 주요 내용은 다음과 같았다.

- 3·1 운동에 있어 민족 대표 33인이 태화관에서
  3월 1일 오후 두 시에 〈독립 선언서〉를 발표한다.
- 민족 대표들은 나라를 위해 목숨을 바칠 각오를 밝혔다.
- 민족 대표들의 뜻을 이어 나가기 위해 앞으로
  독립운동이 적극적으로 확대될 것이다.

그런데 〈조선 독립신문〉의 발행인이자 보성 전문학교 교장인 보성사 사장 윤익선이 그날 저녁 경찰에 붙잡혀 가고 말았다. 보성사 인쇄소 역시 곧바로 폐쇄되어 더 이상 신문을 만들 수 없게 되었다.

"이제 어쩌면 좋단 말인가. 어떻게 해서든 그분들의 뜻을 이어 가야 할 텐데."

방정환의 가슴에는 뜨거운 의분이 끓어올랐다. 3월 1일 저녁 방정환은

〈조선 독립신문〉
3·1 운동 소식을 전국에 알리기 위해 1919년 3월 1일 보성사에서 창간한 신문. 서재필이 발행한 〈독립신문〉과는 다르다.

급히 동료들을 만났다. 방정환과 동료들은 어려운 상황이지만 힘을 모으기로 다짐했다.

"우리가 비록 부족하지만, 그 일이 부질없지는 않을 걸세. 작은 손이라도 모아서 뭉치면 나라를 위해 큰 보탬이 될 거라 믿어. 우리 같이 해 보세."

"좋아, 우리들이 뜻을 이어 가세."

방정환과 동료들은 주먹을 불끈 쥐고 〈조선 독립신문〉을 계속 만들기로 했다. 그러나 정말 힘든 일이었다. 많이 부족한 만큼 더 많이 노력해야 했다.

"인쇄소가 폐쇄되어 더 이상 인쇄기를 사용할 수 없으니 등사기로 한 장씩 찍어 내는 수밖에 없겠어. 다행히 우리에게 등사기가 있으니 그것으로 적은 수이지만 신문을 찍어 보자고."

방정환이 대안을 제시했다. 등사기는 기름을 먹인 얇은 종이에 **철필**로 긁어서 글씨를 쓴 다음, 잉크를 묻힌 롤러로 밀어서 종이에 한 장씩 찍어 내는 기계이다. 대량으로 빨리 찍어 내는 인쇄기에 비해 훨씬 품이 많이 드는 기계인 데다가 찍어 낼 수 있는 수량도 많지 않았다. 하지만 독립운동의 기운을 잇는다는 일념 때문에 방정환은 그 일을 포기할 수 없었다.

가회동 방정환의 집 구석진 뒷방에 작업실이 차려졌다. 모든 것이 수작업이었다. 절박한 정성이 담긴 신문이 처음 완성되었을 때 방정환과 동료들은 감격의 눈물을 멈출 수 없었다.

"부족하지만 우리에겐 큰 뜻이 담긴 신문이야. 우리의 노력이 부질없는 희망으로 끝나지 않도록 하세."

신문을 배달하는 일은 청년 구락부의 청년들이 도왔다.

"이 신문은 반드시 되도록 많은 사람들에게 전해야 한다. 그리고 절대, 절대로 일제에 들켜서는 안 된다. 그러니 발소리가 나지 않도록 짚신을 신고 뛰어다니며 신문을 돌려야 해."

방정환은 〈조선 독립신문〉을 통해 힘겹게 자신의 뜻을 알려 나갔다. 그렇지만 그 일도 순탄하게 진행되지는 않았다. 신문에 실을 정보를 모아 작업실로 전달하는 일을 맡은 이태운이라는 사람이 있었다. 그는 나라 안팎의 소식을 가져와 신문 발행에 큰 도움을 주었다. 해외 소식은 선교사의 도움을 얻었고, 국내 소식은 학생들이 발로 뛰어 모았다.

하루는 이태운이 신문 원고를 들고 방정환의 집으로 가던 길이었다.

"거기 잠깐 서 보시오."

골목에서 경찰이 그를 불러 세웠다. 이태운은 등에서 식은땀이 흘렀다. 만약 여기서 신문 원고가 탄로 나면 자신뿐만 아니라 방정환과 동료들까지 위험해질 게 분명했기 때문이다.

"무, 무슨 일로 그러십니까?"

"그 옷 속에 감추고 있는 게 뭔지 꺼내 보시오."

경찰은 이태운의 행동을 이상하게 여겨 그의 몸을 뒤지기 시작했다. 이

철필
끝이 뾰족한 쇠붙이로 만든 붓. 원판 종이에 등사할 글씨를 쓸 때 사용했다.

태운은 경찰이 잠깐 한눈을 판 사이에 그를 힘껏 걷어찼다. 그리고 뒤도 돌아보지 않은 채 내달렸다.

"거기 서!"

뒤따라오는 경찰을 따돌리기 위해 이태운은 안간힘을 다해 달렸다. 이태운은 그대로 방정환의 집으로 갔다. 방정환은 땀에 흠뻑 젖어 숨을 헐떡이는 이태운을 보고 곧장 다락문을 열고 그 안에 숨겼다. 그러고는 아무 일도 없었다는 듯 태연하게 있었다. 잠시 후 경찰들이 들이닥쳤다.

"금방 누군가가 이리로 오지 않았소?"

한 경찰이 날카롭게 다그쳐 물었다. 그러나 방정환은 뜨악한 표정으로 모른다는 시늉을 했다.

"글쎄올시다. 방금 도둑인지 뭔지 저 뒷담 쪽에서 다급한 소리가 나긴 했소만……."

경찰들은 방정환의 말을 듣자마자 뒷담을 넘어 쫓아갔다. 방정환이 기지를 발휘하여 위기 상황을 넘긴 것이다.

하지만 위기는 이것으로 끝이 아니었다. 비밀스레 신문을 만들기 시작하고 3주 정도 지난 어느 새벽이었다. 수십 명의 경찰이 느닷없이 방정환의 집을 에워쌌다.

"문 열어라! 빨리 문 열어!"

경찰들이 문을 마구 두드렸다. 방정환은 순간적으로 심상치 않은 기운을 느꼈다. 방정환은 잽싸게 등사기와 신문 용지들을 마당의 우물 속에 던져 넣었다. 그러고는 서둘러 주변을 확인하고 대문을 열었다.

"뭐 하느라 이렇게 늦게 문을 연 거야!"

"무슨 일이십니까? 제가 잠에 깊이 빠져 금방 깨지 못했나 봅니다."

방정환은 이번에도 태연하게 대답을 했다. 경찰들은 온 집안을 샅샅이 뒤졌다. 그러나 아무리 구석구석 털어 보아도 그들이 원하는 흔적은 보이지 않았다.

"어디에 숨겼나? 분명히 여기에서 〈조선 독립신문〉을 만든다는 사실을 알고 왔다. 순순히 내놓아야 벌을 덜 받을 것이야."

아무리 찾아도 증거가 없으니 경찰들은 조급해졌다.

"무엇을 내놓으라는 건지 모르겠소. 뭐가 있어야 내놓을 것 아니오."

방정환도 지지 않고 또렷이 맞섰다.

"안 되겠다. 이자를 연행해!"

"연행이라니. 내가 무슨 죄를 지었기에 연행한단 말이오!"

경찰들은 약이 올라 증거도 없이 방정환을 잡아갔다. 소란이 일어난 뒤에 유광렬이 도착했다. 유광렬은 하얗게 질려 있는 동료들을 달래며 자초지종을 물어보았다.

"**소파**가 고문에 못 이겨 우리 이름이라도 말하면 큰일이에요. 얼른 여기를 떠납시다."

동료 중 한 사람이 걱정을 하자 유광렬이 그들을 안심시키며 말했다.

"그런 일은 없을 거요. 소파가 그럴 리는 없으니 믿고 기다려 봅시다."

방정환은 일주일 정도 붙잡혀 있었다. 매질을 당해 온몸이 만신창이가 되었다. 경찰들이 아무리 악랄하게 협박을 해도 방정환은 입을 열지 않았다. 경찰들은 결국 아무런 증거를 찾지 못했고, 방정환은 증거 불충분으로 풀려났다.

"쓸데없는 짓일랑 생각도 말아라. 우리가 계속 지켜볼 테야!"

경찰들은 끝까지 방정환을 향해 매서운 눈길을 보냈다.

방정환은 매질을 당하면서도 나라를 생각했다. 찢기고, 눌리고, 만신창이가 된 조국을 생각하며 자신의 몸에 난 상처쯤은 아무것도 아니라 여겼다. 신음하는 조국을 다시 살려 내기 위해 작은 힘이라도 보태고 싶은 방정환의 마음은 더욱 간절해졌다.

소파
방정환의 호. '작은 물결'이라는 뜻이다.

7장
나라의 미래는 어린이에게 있다

"조심해. 우리가 널 계속 지켜볼 테야!"

방정환은 환청이 들리는 느낌에 잠을 깼다. 몸에 남았던 고문의 상처는 사라졌지만 기억 속에 새겨진 상처는 때때로 가슴을 흔들어 놓았다. 방정환은 자리끼를 벌컥벌컥 들이켜서 타는 목을 진정시켰다. 증거 불충분으로 풀려난 뒤 방정환은 말도 제대로 하지 못하고 눈의 초점조차 안 맞아 얼마 동안은 멀겋게 허공만 쳐다보며 지냈다.

경찰은 그 뒤로도 방정환을 향한 의심을 거두지 않았다. 보는 눈이 많아 마음대로 움직일 수 없었고, 듣는 귀가 많아 마음대로 말할 수 없는 시간이었지만 방정환은 언제까지 그렇게 살아갈 수만은 없었다.

'여기서는 손과 발이 묶인 신세이니 하고 싶은 일을 할 수 없구나. 그렇

다면 차라리 떠나자.'

긴 고민 끝에 방정환은 가족들에게 자신의 생각을 전했다.

"저 일본으로 유학을 떠나려고 합니다. 가서 새로운 공부도 하고, 여기서는 못 하는 일들도 마음껏 해 보고 싶습니다."

방정환은 3·1 운동을 이끌었다는 이유로 옥에 갇힌 장인이 걱정되었다. 그래도 굳게 먹은 마음을 실현하고 싶었다.

"잘 생각했네. 신세계로 가서 구속되지 않은 환경에서 자네 날개를 펼쳐 보게."

"가족 걱정일랑 말고 다녀오세요. 가서 뜻을 펼치세요."

가족들은 놀랐지만 방정환의 생각을 이해하고 든든한 힘이 되어 주었다.

일본으로 간 방정환은 하루하루 정신없이 바쁜 날들을 보냈다. 방정환은 도요 대학 문화학과 청강생 신분으로 유학 생활을 시작했다. 청강생은 정식 학생은 아니어도 공부하고 싶은 과목을 골라서 수강할 수 있었다. 정식 학생이 아니어서 제약이 따랐지만, 학교생활에 얽매이지 않아도 된다는 장점도 있었다. 일본에서 방정환은 공부만 한 것이 아니라, **《개벽》**의 특파

《개벽》
1920년 창간되어 1926년 강제 폐간된 잡지. 천도교 청년회에서 펴낸 월간지로, 이상화의 〈빼앗긴 들에도 봄은 오는가〉, 현진건의 〈운수 좋은 날〉, 염상섭의 〈표본실의 청개구리〉 등의 작품이 실렸다.

원으로서 새 소식을 전하는 일도 했다. 1인 2역 이상의 일을 했기 때문에 그야말로 눈코 뜰 새 없이 바쁜 나날이었다. 상황이 이렇다 보니 정식 학생이 아닌 청강생으로 입학한 것이 방정환에게는 오히려 더 나은 선택이었다.

일본으로 유학 가기 전부터 방정환은 소년 운동에 관심이 많았다. 그때까지만 해도 아이들은 어른들에게 존중받지 못했다. 방정환은 어른들이 무시하듯 아이들을 대하는 태도가 늘 안타까웠다.

"이보게, 어른들이 아이들을 대하는 태도가 너무 심하다 생각하지 않는가?"

"무슨 소린가? 아이들이야 본디 이리 오너라 하면 오고, 저리 가거라 하면 가는 것이지."

"아이라고 해서 함부로 대하고 멋대로 말해서는 안 된다고 생각하네. 우리 아이들은 기껏해야 '애녀석'이나 '아이놈' 소리나 듣고 살아. 더 심하면 '이 망할 자식', '잡놈' 소리도 아무렇지 않게 해 댄단 말이야. 이래서야 어디 아이들이 자기 스스로가 중한 줄 알겠나?"

방정환이 아이들에 대한 생각을 아무리 말해도 진지하게 들어주는 사람은 많지 않았다. 사람들은 아이들을 그저 푸대접해도 되는 천덕꾸러기 정도로만 여겼다.

"**해월** 선생께선 일찍이 아이들을 아끼셨네. '아이를 때리지 마라. 아이를 때리는 것은 곧 한울님을 치는 것이다.' 하시며 아이들을 존중할 것을 당부하셨어. 천도교에서 모든 사람이 평등하다 했듯이 아이도 어른과 똑같이 존중받아야 해."

예전부터 나라의 장래는 어린아이들에게 있다는 소신을 품어 온 방정환은 천도교 안에서 소년 운동을 펼치기 위해 노력했다. 그러나 사람들은 방정환의 생각을 외면했다.

"자네 말마따나 아이를 존중해 주어야지. 그러나 지금은 나라를 빼앗긴 위급한 상황이야. 우리는 당장 눈앞에 닥친 현실과 싸워야 해."

"그래, 자네 말도 맞네만 지금 필요한 건 우리 국민의 대다수인 농민을 일깨우는 일이야. 농민 운동을 통해 농민들의 의식을 일깨워야 새 나라를 만들 수 있어. 학생들에게 조국애를 불어넣고, 우리 민족의 위대함을 알려 주기 위한 역사 교육도 필요하고. 그 일이 우리에게 닥친 중요한 일이야. 소년 운동은 아직 급하지 않으니 천천히 생각해 보세."

천도교 안에서도 방정환의 생각은 쉽게 받아들여지지 않았다. 아직 사람들이 소년 운동의 중요성을 깨닫지 못하던 시절이었기 때문이다. 그러나 방정환은 포기하지 않았다.

"아이들을 잘 기르면 10년 뒤에 씩씩한 청년이 되고, 또 10년이 지나면 이 사회를 이끌 주인이 됩니다. 소년 운동은 앞으로 다가올 10년을 내다보는 일입니다. 소년 운동은 이 땅에 깊게 뿌리내릴 튼튼한 새싹을 키우는 일입니다."

해월
동학의 제2대 교주 최시형(1827~1898)의 호.

일본 유학 직전 방정환은 《개벽》 제3호에 동시를 번역해 실으며 '어린이'라는 말을 썼다. 동시의 제목은 〈어린이 노래: 불 켜는 이〉였다.

'언제까지 아이들을 아이놈이라고 부를 것인가. 젊은 사람을 젊은이라 부르고, 나이 든 사람을 늙은이라 부르듯이 어린아이들은 어린이라 부르는 것이 마땅하다. 아이들을 인격적으로 존중하려면 더 이상 욕된 말로 불러서는 안 된다.'

이런 생각으로 방정환은 '어린이'라는 말을 사용하고 널리 퍼뜨리기 시작했다. 일본에서 공부하는 동안 아이들이 미래의 희망이라는 방정환의 생각은 더욱 굳어졌다.

방정환이 일본으로 떠난 이듬해에 방정환이 그동안 기울인 노력이 작은 결실을 맺었다. 드디어 천도교 소년회가 결성된 것이다. 천도교 소년회는 사람들에게 소년 운동의 중요성을 알리고, 기반을 다지려는 시도였다.

천도교 소년회를 만드는 데에는 김기전의 도움이 컸다. 김기전은 천도교 안에서 방정환과 함께 소년 운동을 주도한 사람이다. 김기전은 소년 운동의 이론적 기반을 닦았고, 방정환은 그 이론을 실천한 운동가였다. 두 사람의 친밀한 관계는 그들의 호를 통해 알 수 있다.

"아우님은 물결과 같습니다."

김기전이 어느 날 방정환에게 말했다.

"지금은 그 물결이 잔잔하지만, 작은 물결이 커져서 언젠가 세상 가득 퍼지게 될 것입니다."

"허허, 그것 참 듣기 좋은 소리입니다. 작은 물결이라…… 소파(小波)로

군요! 형님의 말씀처럼 잔물결이 흘러흘러 세상을 적셔 주면 얼마나 꿈 같은 일이겠습니까?"

방정환이 기뻐서 말했다. 김기전이 방정환의 말에 맞장구치며 말을 이었다.

"소파라. 소파를 아우님의 호로 정하면 어떨까요? 썩 잘 어울립니다."

"소파, 소파. 그것 참 좋습니다. 그렇다면 저도 형님의 호를 지어 드리죠. 형님은 작은 봄과 같습니다. 마음속에 품은 따뜻한 봄볕이 퍼져 온 세상에 어여쁜 꽃이 흐드러지게 필 거예요. 그러니 형님의 호는 작은 봄 '소춘(小春)'으로 하면 어떨까요?"

"이야, 정말 멋집니다. 소파 선생님."

"형님의 작명 실력이 더 멋집니다. 소춘 선생님."

이렇게 해서 방정환의 호는 작은 물결이라는 뜻의 '소파'가 되었고, 김기전의 호는 작은 봄이라는 뜻의 '소춘'이 되었다.

방정환은 일본으로 떠나기 전부터 김기전과 뜻을 모았으나, 막상 천도교 소년회의 탄생 소식은 바다 건너 일본에서 듣게 되었다.

'됐어! 드디어 사람들이 소년 운동의 필요성을 깨달았다는 뜻이야.'

방정환은 뛸 듯이 기뻤다. 얼른 천도교 소년회를 만나고 싶었다. 그날은 그리 오래 걸리지 않았다.

"형님, 정말 장하십니다."

"아우님 생각에 따랐을 뿐인걸요."

여름 방학을 맞아 귀국한 방정환은 김기전의 손을 맞잡고 천도교 소년회가 결성된 일을 함께 기뻐했다.

"이번에 여름 방학을 맞아 우리 소년회에서 전국 순회강연을 마련했습니다. 아우님이 직접 어린이들에게 강연을 해 주시면 더없이 좋을 텐데요."

"물론입니다. 함께해야죠. 전국의 어린이들을 만나는 자리인데 기쁘게 가야죠."

방정환은 순회강연에서 더 많은 사람에게 천도교 소년회를 알리고, '씩씩하고 참된 소년이 됩시다. 그리고 늘 서로 사랑하며 도와 갑시다.'라는 표어 아래 소년 운동을 펼쳤다. 또 가는 곳마다 어린이를 존중하고 바르게 대해 달라고 사람들에게 당부했다.

방정환의 노력 덕인지 20~30명으로 시작한 천도교 소년회 회원 수는 모임을 거듭할수록 꾸준히 늘었다. 순회강연을 마칠 쯤에는 500여 명으로 늘어나 있었다.

천도교 소년회는 우리나라 소년 운동의 출발이었다. 만 7세에서 만 16세의 어린이라면 누구나 참여할 수 있었다. 회원들은 놀이와 운동을 하는 유락부, 토론을 하는 담론부, 사회 여러 분야를 공부하는 학습부, 어려움에 빠진 사람을 돕는 위열부 중 하나에 소속되어 활동을 했다. 그리고 회원들 사이에는 지켜야 할 지침이 있었다.

- 회원 상호 간에 서로 경어를 사용하는 일
- 회원 상호 간의 우의를 존중하여 질병이거든 반드시 안부를 묻고, 좋은 일에는 서로 축하해 주되 혹 불행한 동무가 있거든 추도회를 열어

주어 품위를 지켜 서로를 소중히 하는 마음을 갖는 일
  - 일요일이나 휴일에는 반드시 단체로 명승고적을 찾아가 마음에 품은 뜻을 고상하게 하는 일
  - 매주 두 차례 모여 사회적 시련을 게을리하지 않는 것

소년회 회원들의 약속은 스스로 존중받는 어린이가 되라는 뜻을 담고 있다. 그 속에 어린이를 존중해야 한다는 방정환의 마음이 깃들어 있는 것이다.

천도교 소년회를 결성한 것이 소년 운동의 출발이라면, 그 무렵 방정환이 주도한 또 다른 일은 소년 운동에 큰 획을 그었다.

'소년 운동을 본격적으로 하려면 마음을 같이할 동지가 필요해.'

방정환은 어린이를 위한 세상을 만들고 싶었다. 혼자 힘으로는 할 수 없었다. 그래서 함께 일할 수 있는 사람들을 찾기 위해 동분서주 바쁘게 움직였다.

"오늘 이 자리에 와 주셔서 감사합니다."

"웬 말씀을요. 초대해 주신 게 감사하지요."

"더 좋은 자리로 모셔야 하는데 이렇게 누추한 곳으로 오시라고 해서 송구합니다."

방정환의 집에 여러 사람이 모였다. 소년 운동을 위해 함께 뜻을 모으기로 한 사람들이었다. 방정환은 일본에서 하숙 생활을 하다가 더 많은 사람이 자유롭게 모일 수 있는 공간을 마련하기 위해 집 한 채를 빌려서 지내고

있었다.

"오늘이 첫 모임이니 우리의 목적을 분명히 정하겠습니다. 우리가 모인 취지는 어린이를 위한 새 문화를 만들어 가는 데 있습니다. 그러기 위해서 우선 어린이를 위한 동화와 동요를 발굴하고 만들어 가는 데 힘을 쏟을 것입니다. 또한 일반 아동 문제에 관심을 기울여 어린이들이 좀 더 밝고 따뜻한 세상에서 살아가는 데 앞장설 것입니다."

방정환이 일어나 사람들에게 말했다. 모두 고개를 끄덕여 방정환의 말을 수긍하였다.

"우리 단체의 취지에는 전적으로 동의합니다. 그렇다면 이름을 무엇으로 해야 할까요?"

"단체의 취지가 잘 드러난 이름이어야 할 텐데요."

"어린이의 순수한 마음을 담을 이름이면 좋을 듯합니다."

"거기에 행복하게 빛나는 내일을 살아가기 위한 희망까지 담으면 더 좋겠지요."

사람들은 단체의 이름을 두고 고민에 빠졌다. 여러 가지 의견이 나왔지만 한 가지로 결정하기 어려웠다.

"그렇다면 첫 회의에서 단체의 취지를 정했으니 이름은 다음번 모임에서 결정하기로 하겠습니다. 다들 다음 모임까지 좋은 이름을 생각해 오시지요."

"좋습니다. 아주 멋진 이름을 마련해 오기로 합시다."

그렇게 첫 모임이 끝났다. 방정환은 첫 모임을 기념해서 사람들에게 음식을 대접했다. 사람들은 즐거운 시간을 보내고 다음 모임을 기약했다.

일주일 뒤에 2차 모임이 열렸다.

"다들 단체 이름을 생각해 보셨습니까? 좋은 의견을 말씀해 주십시오."

다양한 의견이 나왔지만, 모든 이가 찬성할 만큼 눈에 띄는 것은 없었다.

"제가 한 말씀 올리겠습니다."

윤극영이 손을 들었다. 윤극영은 첫 모임에는 참석하지 않았으나, 방정환과 뜻을 같이하여 두 번째 모임부터 함께한 사람이었다.

"색동회라고 하면 어떨까요?"

윤극영이 조심스럽게 말을 꺼냈다.

"색동회라, 누구나 부르기 쉽고 뜻도 좋군요."

"알록달록 예쁜 색깔이 떠오르기도 하고, 생기발랄한 아이들의 모습도 떠오릅니다."

모인 사람들은 대부분 '색동회'라는 이름을 좋게 생각했다. 그러나 의견이 다른 사람도 있었다.

"뜻도 좋고, 부르기 쉬운 것은 좋습니다. 그런데 아무래도 '색동회'라고 하면 '색(色)'이라는 한자가 먼저 떠오릅니다. 기왕이면 우리말 이름으로 하는 게 좋지 않을까요?"

단체의 이름을 두고 사람들의 의견이 분분했다. 결국 단체의 이름은 다음 모임에 가서야 결정을 내릴 수 있었다.

"우리 단체의 이름은 윤극영 선생이 제안한 '색동회'로 하겠습니다. '색동'은 '색동저고리'에서 따온 것이므로, 이 역시 우리말이라고 볼 수 있습니다. 또 색동저고리는 명절 때 아이들이 설레는 마음으로 입는 옷이라는 점에서도 우리 단체의 성격과 잘 맞습니다. 색동저고리가 즐거운 잔칫날에 입는 옷이듯이 색동회 하면 기쁜 날, 잔치와 같은 날을 떠올릴 수 있어요."

"좋습니다. 아이들의 설레고 즐거운 마음이 잘 드러난 이름이라 마음에 쏙 듭니다."

이렇게 해서 단체의 이름이 정해졌다. 색동회는 어린이를 위한 동요와 동화, 연극 등을 만들어 발표하는 데 힘썼다. 방정환이 꿈꾸는 어린이 세상을 향해 크게 한 걸음 내딛는 계기가 마련된 셈이다. 이 나라에 어린이를 위한 작은 물결이 드디어 넘실거리기 시작했다.

윤극영
동요 작곡가·아동문화 운동가(1903~1988). 색동회의 창립 회원이며 동요와 동시를 창작하여 초창기 아동 문학 운동에 크게 기여했다. 대표작으로 〈반달〉, 〈설날〉, 〈고드름〉, 〈따오기〉 등이 있다.

색동회와 어린이날

색동회는 1923년 5월 1일, 일본 도쿄에서 방정환을 중심으로 창립된 어린이 문화 운동 단체이다. 색동회는 당시 우리나라에는 거의 없었던 아동 문학과 어린이 문화 운동에 크게 기여했다. 방정환이 진정한 어린이 문화 운동의 첫발을 내디딘 것도 색동회에서였다.

색동회 창립 회원들(앞줄 왼쪽에서 세 번째가 방정환)

색동회는 창립일에 맞춰 1923년 5월 1일에 제1회 어린이날 행사를 기획했다. 어린이들에게 꿈과 희망을 심어 주는 어린이날은 이때부터 시작되었고, 1927년부터는 5월 첫째 일요일에 어린이날 행사를 열었다.

1923년 5월 1일 천도교당에서 열린 어린이날 기념식 장면 / 어린이날 선전지를 나눠 주는 소년(말풍선 안)

어린이를 사랑하는 방정환의 정신은 제1회 어린이날을 기념하여 발표한 '어린이날 선언문'에 잘 나타나 있다.

어린이날의 약속

오늘이 어린이날, 희망의 새 명절 어린이날입니다.

우리들의 희망은 오직 한 가지 어린이를 잘 키우는 데 있을 뿐입니다. 다 같이 내일을 살리기 위하여 이 몇 가지를 실행합시다.
- 어린이는 어른보다 더 새로운 사람입니다.
- 어린이를 어른보다 더 높게 대접하십시오.
- 어린이를 결코 윽박지르지 마십시오.
- 어린이의 생활을 항상 즐겁게 해 주십시오.
- 어린이는 항상 칭찬해 가며 기르십시오.
- 어린이의 몸을 자주 주의해 보십시오.
- 어린이에게 잡지를 자주 읽히십시오.

– '어린이날 선언문' 중에서

방정환은 색동회에서 순회강연이나 연극 공연을 펼쳐, 어린이들에게 독립 의식을 불어넣고 자존감을 북돋아 주었다. 또 아동 문제 강연회, 예술 강습회, 세계 아동 예술 전람회 등의 행사를 열어 어린이들이 새로운 문화를 접하고 새 시대를 살아가는 눈을 뜨게 해 주었다. 그러나 1931년 방정환이 죽고, 일제의 탄압이 심해지면서 색동회의 활동이 주춤해졌다.

그러다가 광복 이후 회원들이 모여 색동회 활동을 다시 시작했다. 어린이날이 5월 5일로 바뀐 것도 그 무렵이다. 색동회는 '노동절'인 5월 1일을 피해 5월 5일로 날짜를 변경하여 행사를 진행했다. 1957년에는 어린이의 권리와 복지, 바람직한 성장상을 제시한 '어린이 헌장'을 제정하여 선포했다. 1975년 5월 5일에는 어린이날을 공휴일로 지정하는 데 앞장섰다. 그 뒤로도 어린이날 행사나 동화 구연 등의 행사를 여는 등 색동회는 지금껏 소파 방정환의 '어린이 사랑 나라 사랑' 정신을 이어받아, 어린이가 행복한 나라를 만들기 위해 어린이 문화 운동에 힘을 기울이고 있다.

8장
비로소 움트는 어린이 세상

"신세계로구나! 어린이에게 꿈과 희망을 주는 책이 이렇게 많다니!"

일본 유학 시절 방정환은 책방이나 도서관을 자주 들렀다. 처음 낯선 땅에 도착하니 함께할 친구도 없고 대화를 나눌 사람도 없었다. 방정환은 친구도 없는 외로운 생활을 책으로 달랬다. 특히 안데르센, 그림 형제, 이솝 등이 쓴 아동 문학 책은 닥치는 대로 읽을 만큼 푹 빠져 있었다.

"일본의 아이들은 어릴 적부터 이런 책을 읽으며 자라는구나. 그러니 얼마나 밝고 아름다운 꿈을 꾸며 살아가겠는가? 거기에 비하면 우리 조선의 아이들은 너무 불쌍해."

방정환은 많은 아동 문학 책을 보며 안타까운 마음이 들었다. 그 당시만 해도 우리나라에는 어린이를 위한 이야기책이 없었다.

"우리나라의 아이들에게도 이런 책들을 소개해야겠어. 온몸에 전해 오는 감동을 우리의 어린이들도 느껴 봐야지."

그날부터 방정환은 우리나라 아이들에게 들려줄 아름다운 이야기를 쓰기 시작했다. 우선 외국의 명작 동화 중에서 우리 아이들의 마음을 따뜻하게 해 줄 이야기를 가려 뽑았다. 고심 끝에 가려낸 열 편의 이야기를 아이들이 읽기 쉬운 표현으로 번역했다. 이렇게 만든 책이 《사랑의 선물》이다.

> 학대받고, 짓밟히고, 차고 어두운 속에서 우리처럼 또 자라는 불쌍한 어린 영들을 위하여, 그윽히 동정하고 아끼는 사랑의 첫 선물로 나는 이 책을 짰습니다.
>
> - 《사랑의 선물》 머리말 중에서

《사랑의 선물》에 실린 열 편의 이야기 선물 중에는 우리가 익히 아는 〈산드룡의 유리 구두(신데렐라)〉, 〈잠자는 왕녀(잠자는 숲속의 공주)〉, 〈왕자와 제비(행복한 왕자)〉 등의 이야기도 있다. 《사랑의 선물》은 마땅히 읽을거리가 없던 우리 아이들에게 꿈을 심어 주며 크게 인기를 끌었다.

"어쩜 이렇게 문장이 곱고 부드러울 수가 있습니까?"

"이야기에도 웃음과 눈물이 가득 들어 있어요. 아이들의 메마른 감성을 적셔 주기에 아주 좋은 책이에요."

《사랑의 선물》은 수많은 어린이를 이야기의 재미에 푹 빠져들게 했다. 아직 만족할 만큼은 아니지만 어린이 문화에 목말랐던 어린이들에게 시원한 물 한 모금의 역할을 하기에 충분했다.

우리나라의 어린이들에게 없는 것은 이야기뿐만이 아니었다. 그 무렵 방정환은 성악을 공부하는 윤극영과 친분을 쌓고 있었다.

어느 밤, 방정환은 윤극영을 찾아갔다.

"노래를 연주해 주게."

방정환은 윤극영의 방으로 들어가 다짜고짜 노래를 연주해 달라고 했다. 당황스러움도 잠시, 윤극영은 곧 노래를 연주했다. 방정환은 연주에 따라 노래를 불렀다. 밤이 이슥한 시간인데도 열심히 노래를 불렀다. 그러다가 갑자기 방정환이 노래를 멈추었다. 피아노 소리도 멈추었다.

"이것 봐, 윤. 우리가 왜 일본 노래를 부르고 있지?"

윤극영은 마음 한구석이 뜨끔했다. 방정환의 말뜻을 알아차렸기 때문에 아무 대답도 하지 못했다.

"나라도 빼앗기고 말도 빼앗겼는데 왜 노래마저 일본의 것을 부르지? 분하지도 않은가?"

방정환의 목소리는 차분했다. 그러나 윤극영은 그 목소리를 몹시 무겁게 받아들였다.

"우리의 고유한 노래가 없으니 어쩔 수 없지요."

윤극영이 궁색하게 대답했다.

"그래, 노래가 없지. 그것이 문제야. 우리 고유의 노래가 없으니 일본 노래를 부를 수밖에. 아무 생각 없이, 그저 어쩔 수 없이 일본 노래를 부르는 우리 아이들이 불쌍하지 않은가?"

"……"

"3·1 운동으로 우리가 뭔가 되찾는 줄 알았어. 그런데 아무것도 없어. 실패한 거나 다름없다고. 그래도 우리는 괜찮아. 어른들은 알고 있으니 말이야. 그런데 문제는 아이들이야. 아이들에게는 우리의 노래도 없지 않나. 이봐, 윤. 어린이들에게 줄 노래를 만들어 줘. 10년, 20년이 흘러도 우리 땅의 아이들이 부를 수 있는 노래 말이야."

방정환은 윤극영을 설득했다.

"듣고 보니 그렇군요. 그저 없다는 생각만 당연히 받아들이고 있었어요. 없으면 만들어야 하는 것을 깨닫지 못했어요."

윤극영은 방정환과 뜻을 함께하기로 했다.

"참혹하게도 우리의 아이들은 일본 말로 일본 노래를 부르라고 강요받고 있어. 그렇다고 어른들이 부르는 타령이니 창가 따위를 부르면 어른 흉내 낸다고 호통을 받지. 이 얼마나 암담한 현실인가?"

"네, 맞아요. 마음껏 부를 수 있는 노래가 얼마나 힘이 되는지는 잘 알죠. 노래가 없는 어린이 세상은 어두운 밤과 마찬가지예요. 제가 해 보겠습니다. 우리 어린이들이 신나고 즐겁게 부를 수 있는 노래를 만들어 보겠어요."

윤극영은 방정환의 열정에 이끌려 색동회에 가입했다. 그리고 〈반달〉, 〈설날〉, 〈따오기〉, 〈꼬부랑할머니〉, 〈고드름〉 등 우리 어린이들도 마음껏 부를 수 있는 노래를 하나씩 만들어 나갔다.

어린이에게 문학적 감성을 전해 주기 위한 노력은 여기에서 끝나지 않았다. 방정환은 우리나라의 모든 어린이가 함께 읽을 수 있는 잡지를 만들어 보고 싶었다. 자신이 가난했던 어린 시절부터 잡지를 보면서 꿈을 키웠던 것처럼 어린이 잡지를 통해 암담한 현실에 빠진 아이들에게 행복한 희망을 심어 주고 싶었다.

"어른들이 보는 잡지도 팔리지가 않아 운영이 어려운데 어린애들이 무슨 돈으로 잡지를 사겠나?"

"망할 게 뻔한 일이야. 시작할 생각일랑 말게."

주변의 모든 사람이 말렸다. '어린이'라는 말조차 생소한 시절에 어린이를 위한 잡지라니. 방정환의 생각을 긍정적으로 바라본 사람은 없었다.

그래도 방정환은 옳은 일에 뜻을 굽히지 않았다. 방정환과 색동회 회원들은 어렵게 원고를 마련하여 드디어 어린이 잡지《어린이》를 창간했다.

새와 같이 꽃과 같이 앵도 같은 어린 입술로, 천진난만하게 부르는 노래, 그것은 고대로 자연의 소리이며, 고대로 하늘의 소리입니다. 비둘기와 같이 토끼와 같이 부드러운 머리를 바람에 날리면서 뛰노는 모양 고대로가 자연의 자태이고 고대로가 하늘의 그림자입니다. 거기에는 어른들과 같은 욕심도 있지 아니하고 욕심스런 계획도 있지 아니합니다.

죄 없고 허물 없는 평화롭고 자유로운 하늘나라! 그것은 우리의 어린이의 나라입니다. 우리는 어느 때까지든지 이 하늘나라를 더럽히지 말아야 할 것이며, 이 세상에 사는 사람사람이 모두, 이 깨끗한 나라에서 살게 되도록 우리의 나라를 넓혀 가야 할 것입니다. 이 두 가지 일을 위하는 생각에서 넘쳐 나오는 모든 깨끗한 것을 거두어 모아 내는 것이 이 《어린이》입니다.

- 《어린이》 창간사 중에서

창간사에서 밝힌 것처럼 《어린이》는 맑고 깨끗한 어린이의 나라를 꿈꾸며 세상에 나왔다. 방정환은 모든 어린이가 부담 없이 읽을 수 있도록 잡지의 가격도 아주 싸게 매겼다. 그리고 전국의 많은 어린이에게 소식을 알리기 위해 신문에 광고도 실었다. 방정환은 잘될 것이라는 희망을 가득 안고 어린이들의 부름을 기다렸다.

그러나 모두가 예상했던 것처럼 시작은 쉽지 않았다.

"더할 수 없는 어려움에 처해 있는 우리가 오직 바라는 것은 '내일은 잘 될 수 있겠지, 내일은 잘살 수 있겠지.'라는 희망입니다. 그 희망이란 내일의 일꾼 소년 소녀들을 잘 키우는 것밖에 없습니다."

방정환은 어른들에게 호소하듯 말했다.

"어떻게 하면 아이들을 낫게 키울까를 우선으로 생각하여 《어린이》를 만들었습니다. 부디 어른들이 먼저 읽으시고, 자녀에게도 읽히십시오."

아무리 호소해도 반응은 차가웠다.

"큰일입니다. 우리가 이렇게 알려도 잡지가 팔리지 않아요."

"괜찮아요. 이제 처음인걸요. 첫술에 배가 부르겠습니까? 우리가 제대로 한다면 사람들이 알아주는 날이 반드시 올 거요."

사람들이 걱정을 해도 방정환은 느긋하게 기다렸다. 기다려도 기다려도 사람들의 반응은 그대로였다.

"어차피 팔리지 않을 책을 쌓아 놓으면 무엇 해?"

방정환은 어쩔 수 없이 쌓여 있는 잡지를 보며 처리 방법을 궁리했다.

"신문에 한 번 더 광고를 냅시다. 이름과 주소를 보내면 무료로 책을 보내 준다고 말이오."

"네! 그게 무슨 말씀이세요? 공짜로 책을 나눠 준다니요."

함께 있던 사람들은 깜짝 놀랐다.

"우리가 이번으로 잡지를 그만 만들 건 아니지 않소. 저 책을 무료로 나누어 주면 사람들이 《어린이》라는 잡지가 세상에 있다는 것쯤은 알 것 아니오? 그것만으로도 우리에게는 큰 수확이지."

그렇게 해서 신문에 광고가 실렸다.

"어떻게 됐소? 독자들의 엽서는 좀 왔소?"

"저, 그게……."

방정환이 기대에 차서 물었지만 대답은 그 기대에 미치지 못했다.

"답이 온 게 고작 18명뿐입니다."

"처음이라 많이 부족했나 보오. 우리가 더 잘 만들어 봅시다."

방정환은 사람들에게 힘을 북돋아 주었다. 어린이들이 더 좋아할 만한 코너를 만들었다. 어린이들의 마음을 잡기 위해 어떤 회에는 현상 퀴즈를 내어 선물을 주기도 하고, 말판 놀이 같은 특별 부록을 넣기도 했다. 또 부모님의 눈길을 끌기 위해 공부에 도움이 되는 내용이나 민족의 자긍심을 일깨우는 내용도 빼놓지 않고 실었다. 또한 어린이 독자 토론회, 독자 초청 행사 등을 열어 방정환이 직접 동화극을 보여 주며 어린이들을 즐겁게 해 주었다. 방정환을 비롯한 많은 사람의 노력이 빛을 발하기 시작했다.

"선생님, 《어린이》가 다 팔렸습니다. 다 팔려서 새로 찍어 낸 책까지 며칠 만에 모두 다 팔렸습니다. 그야말로 날개 돋친 듯이 팔리고 있어요!"

방정환의 진심이 드디어 통했다. 《어린이》가 발간된 지 채 1년이 되지 않아 잡지는 없어서 못 팔 지경이 되었다.

'20만 소년 독자의 힘!'

《어린이》 창간 7주년 때에는 독자가 무려 20만 명이나 되었다. 그야말로 전국의 모든 어린이가 함께 읽는 잡지가 된 것이다. 처음에는 독자의 수를 손으로 꼽아도 될 만큼 작았던 것이 나중에는 우리나라에서 손꼽히는 인기 잡지가 되었다.

《어린이》는 불우한 환경으로 절망에 울던 어린이들에게 희망을 되찾게 해 주었고, 어른들에게는 어린이를 왜 존중해야 하는지 가르쳐 주었다. 그리고 윤석중, 마해송, 이원수 등 주옥같은 작품으로 한 시대를 풍미한 수많은 아동 문학가도 길러 냈다. 《어린이》가 우리나라 어린이들의 마음에 심어 준 꿈과 희망의 힘은 대단했다.

방정환의 마지막 꿈은 진정한 어린이 세상을 만드는 것이었다. 완전하지는 않았지만 조금 더 어린이 세상에 다가가기 위해 큰 걸음을 내딛는 일이 있었다.

"어린이날이오!"

1925년 5월 1일, 제3회 어린이날 아침이었다. 거리거리마다 아이들이 종을 울리며 어린이날을 알리는 전단을 돌렸다.

"어린이날이 다시 돌아왔구나."

사람들은 전단을 받아 들고 그날이 어린이날이란 것을 알았다. 3년 전 같은 날, 천도교 소년회가 창립 1주년을 기념해 그날을 '어린이의 날'로 선포하고 시내에 전단을 배포할 때만 하더라도 다들 어린이날이 무엇인지도 몰랐다.

"어린이날? 쓸데없이 무슨 짓이람!"

그저 콧방귀나 뀌며 무시하던 날이었지만, 차츰 어린이날을 귀하게 여기는 사람들이 많아졌다.

방정환은 어린이날을 어린이들의 명절로 만들고 싶었다. 천도교 소년회만의 행사가 아니라 전국 규모의 어린이날을 만들고 싶었다. 그래서 1923년 5월 1일에 여러 단체들을 통합해서 전국 단위의 어린이날을 만들었다. 첫 어린이날에는 기념식을 열고, 강연회를 하고, 어린이를 위한 공연도 열었다. 그러던 것이 점점 커져 해가 갈수록 행사도 많아지고, 참여하는 사람도 많아졌다.

"소년 운동 만세! 소년 운동 만세! 소년 운동 만세!"

만세 삼창과 함께 제3회 어린이날을 기념하는 수천 개의 오색 풍선이 하늘로 날았다. 어린이들은 풍선에 자기 이름을 적어 하늘에 띄웠다. 가장 멀리 날아가서 떨어진 풍선의 주인과 그것을 주워 온 어린이에게는 상품을 주었다. 또 아이들을 위한 야유회와 재미있는 동화회도 열었다. 이날 하루는 어린이 세상이 만들어졌다. 아이들은 모두 즐거이 노래 부르며 어린이날을 즐겼다.

(1절)

기쁘구나 오늘날 5월 1일은

우리들 어린이의 명절날일세

복된 목숨 길이 품고 뛰어노는 날

오늘이 어린이의 날

(2절)

기쁘구나 오늘날 5월 1일은

반도 정기 타고난 우리 어린이

길이길이 뻗어 날 새 목숨 품고

즐겁게 뛰어노는 날

(후렴)

만세 만세를 같이 부르며

앞으로 앞으로 나아갑시다

아름다운 목소리와 기쁜 맘으로

노래를 부르며 가세

- '어린이날 노래' 방정환 작사

 방정환이 꿈꾸던 어린이 세상이 비로소 움트기 시작했다. 방정환의 노력으로 이 땅에 어린이에게 희망을 주는 이야기가 만들어졌고, 어린이가 부를 수 있는 노래가 지어졌다. 그리고 어린이날은 어린이 세상으로 크게 한 발 내딛는 계기가 되었다. 드디어 어린이가 제대로 대접받는 세상이 시작되었다.

방정환의 필명

방정환은 독특하게도 본명보다는 필명으로 작품을 발표하는 경우가 많았다. 지금까지 알려진 필명만 해도 30개가 넘는다. 방정환이 필명을 여러 개 지어 작품을 쓴 데에는 사정이 있었다.

당시에는 글을 쓸 수 있는 필자가 많지 않았다. 그래서 방정환은 잡지의 지면을 채우기 위해서 작품의 성격에 맞춰 여러 필명으로 직접 글을 썼던 것이다. 일제의 무자비한 검열을 피하려는 의도도 있었다. 또 독자들의 궁금증을 유발하여 잡지의 흥미를 유도하기 위한 까닭도 있었다.

잡지 《어린이》

ㅈㅎ생

방정환이 처음 사용한 필명이다. 'ㅈㅎ'은 '정환'에서 따온 것이다. 방정환이 10대 시절에 발표한 〈고학생〉, 〈우유배달부〉 그리고 《어린이》에 실은 〈이솝 이야기〉 등의 작품에 이 필명을 사용했다.

소파(小波)와 잔물

방정환의 대표적인 필명이다. 방정환의 호인 '소파'를 우리말로 풀면 '잔물'이 된다. 《어린이》를 창간한 뒤에 이 이름을 많이 사용했고, 〈성냥팔이 소녀〉, 〈두더지의 혼인〉 등 본격적인 아동 문학 작품에 거의 이 이름을 썼다.

목성(牧星)

아동 문학 작품이 아닌 소설 작품들을 발표하던 초기에 많이 사용한 필명이다.

사회 비평적인 요소가 강한 소설 〈은파리〉의 필명으로 사용했다.

북극성(北極星)

방정환의 대표 소년 소설로 꼽히는 〈칠칠단의 비밀〉, 〈동생을 찾으러〉 등 장편 연재물과 탐정 소설에 쓴 필명이다.

몽중인(夢中人)

《어린이》에 외국 동화를 번역하여 발표할 때 많이 사용했다. 《어린이》 1923년 8월호에 몽중인이 누구인지 묻는 독자 퀴즈를 내 정답을 맞힌 독자 50명에게 상품을 나눠 주기도 했다.

그 밖에도 교양 상식이나 실용 기사를 쓸 때 사용한 '삼산인', 유머 칼럼에 쓴 '깔깔박사'를 비롯하여 '몽견초', '쌍S생', 'CWP', '운정거사', '길동무', '파영' 등을 사용하여 작품을 발표했다.

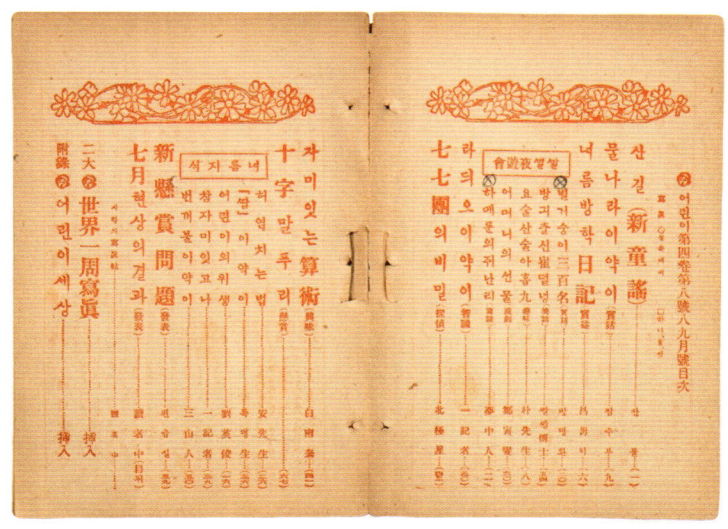

방정환의 필명을 확인할 수 있는 《어린이》 목차

9장
잔물결은 깊어지고 넓어지고

　방정환은 몸이 두 개, 세 개라도 모자랄 지경이었다. 《어린이》와 《개벽》 등의 잡지 편집인으로서, 아동 문학을 창작하는 작가로서, 어린이날 행사를 비롯한 다양한 행사를 계획하고 진행하는 기획자로서 전국 방방곡곡을 다니며 자신의 흔적을 남겼다. 그야말로 재주가 많은 사람이었다.
　많은 재주 가운데에서도 방정환을 가장 유명하게 해 준 것은 바로 동화 구연 능력이었다. 방정환은 탁월한 이야기꾼이었다. 어릴 적부터 환등 대회를 열어 동네 사람들의 마음을 사로잡을 정도였으니 그의 이야기꾼 자질은 타고난 능력이라 해도 될 것이다.
　"방정환 선생님이 동화 구연을 하러 오신대."
　"정말? 그렇게 이야기를 잘한다던데 어디 한번 보러 가야겠구먼."

방정환이 동화 구연을 한다는 소문이 퍼지면 어디든 사람들이 몰려들었다. 방정환의 진심 어린 마음에서 우러나오는 강연과 동화 구연은 많은 사람의 마음을 사로잡았다.

천도교당에서 〈난파선〉 이야기를 들려줄 때였다. 마리오와 줄리엣이 영국에서 출발하는 큰 배에 탔다. 배 위에서 처음 만난 두 사람은 서로의 딱한 처지를 위로하며 친한 사이가 된다. 그런데 풍랑이 일자 그들이 타고 있던 배가 뒤집혀 많은 사람이 바다에 빠지고, 배 안은 아수라장이 되고 만다. 한 자리만 겨우 남은 마지막 구명선을 앞에 두고 마리오와 줄리엣은 서로 먼저 타라며 자리를 양보한다. 결국 줄리엣이 구명선에 오르고, 마리오는 침몰하는 난파선에 남아 서서히 바닷속으로 가라앉았다.

"잘 가거라, 줄리엣아!"

"오오, 마리오……."

마리오와 줄리엣의 이야기가 끝나갈 즈음 관람석은 눈물바다가 되었다. 처음 보는 사람들이 서로 부둥켜안고 우는 통에 얼굴이 온통 눈물과 콧물로 뒤범벅되었다. 그 광경을 보고 방정환도 감격하여 흐르는 눈물을 참을 수 없었다.

또 이화 여자 보통학교에서 〈산드룡의 유리 구두〉를 들려줄 때였다. 방정환이 구연을 시작한 지 얼마 지나지 않아 여학생들 사이에서 훌쩍훌쩍 소리가 들리기 시작했다. 그러던 것이 산드룡이 의붓어머니에게 구박을 받아 불쌍한 처지가 된 부분에 이르러서는 거의 모든 여학생이 눈물을 줄줄 흘리고 있었다.

"훌쩍훌쩍."

아무리 닦아도 줄줄 흐르는 눈물을 막을 수 없었다. 그래서 여학생들은 눈물을 닦을 생각도 잊은 채 저고리를 적시며 이야기를 들었다.

"에헴!"

선생님들은 체면을 지키려 애써 울음을 참고 있었다.

"에! 으으엉! 흐흠!"

울음을 감추려고 애써 헛기침 소리를 냈지만 이미 기침 소리에는 눈물이 섞여 있었다.

방정환은 당황스러웠지만 그렇다고 이야기를 멈출 수는 없었다. 산드룡이 유리 구두를 떨어뜨리고 도망칠 때쯤 객석은 온통 상갓집처럼 되어 버렸다.

"으으응!"

"아이고, 어어엉!"

곡성 같은 소리가 터져 나왔다. 한 무리에서 울음이 터져 나오자 봇물 터진 듯이 걷잡을 수 없게 되었다. 학생이고 선생님이고 할 것 없이 한번 터진 울음은 멈추지 않았다.

이야기가 다 끝나도 울음이 멈추지 않았다. 방정환은 단상에서 내려가야 할지 그대로 서 있어야 할지 난감했다. 눈물범벅이 되어 울고 있는 선생님들을 보기가 민망해서 방정환은 한참을 그대로 서 있었다.

하루는 행사장에 사람이 너무 많이 와서 발 디딜 틈조차 없었다. 가득 찬 사람만큼 열기가 뜨거워서 진땀을 흘리며 겨우겨우 이야기를 해 나가는데 방정환은 갑자기 소변이 마려웠다.

'이런, 목이 말라 물을 너무 마셨나? 소변이 급한데 어쩌지?'

수천 명의 사람이 오직 방정환 한 사람만을 바라보고 있었다. 그러니 그 눈길을 외면하고 이야기를 중간에 끊을 수도 없었다. 방정환은 아랫배에 힘을 잔뜩 주고 억지로 참으며 겨우 이야기를 마쳤다. 그리고 빼곡하게 들어찬 사람들 틈을 빠져나오려던 참이었다.

"아이고, 선생님. 참말로 감사합니다."

한복을 곱게 차려입은 할머니 서너 명이 방정환을 막아서며 꾸벅 인사를 했다. 방정환은 인사만 나누고 얼른 자리를 벗어나려고 했다. 그러나 할머니들이 소매를 잡고는 놓아 주지 않자 어쩔 수 없이 붙잡혀 이야기를 들어줄 수밖에 없었다.

"그 아이를 잘되게 해 주셔서 정말 감사합니다."

"선생님께서 아이를 살려 주셨지요? 안 그랬으면 그 가엾은 아이가 어찌 될 뻔했겠어요?"

할머니들은 이야기에 나온 아이를 방정환이 구해 줬다고 생각한 모양이었다. 그래서 진심으로 방정환에게 고개를 숙여 고맙다는 인사를 하고 있었다.

"아휴, 선생님이 힘드신가 봐요. 이렇게 땀을 흘리고 계시니."

"아니, 괜찮습니다. 그럼 이만……."

방정환은 진땀을 빼며 아랫배에 힘을 주고는 그대로 화장실로 달려갔다. 하마터면 낭패를 볼 뻔한 일이었다.

사람을 웃기고 울리는 재주가 이 정도이니 방정환은 날로 유명해졌다. 어디를 가든 구름 인파를 몰고 다닐 정도였다. 제발 한번 와 달라는 곳은 많은데 몸은 하나인지라, 늘 시간에 쫓기며 바쁜 나날을 보냈다. 식사도 거르고, 밤잠까지 설치기 일쑤였다.

"이봐, 좀 쉬면서 해. 그러다 몸이 상하면 어쩌려고."

주변 사람들이 방정환을 걱정해 주었다.

"소파 선생님, 요즘 안색이 안 좋으십니다. 너무 무리하지는 마십시오."

"괜찮아, 내 몸집을 보게. 어디를 봐서 쉽게 쓰러지겠나? 난 괜찮으니 냉수나 한 사발 가져다주게."

"오늘만 벌써 몇 잔째인지 아십니까? 그러다 큰일 납니다. 제발 든든히 밥을 잡수시고, 잠도 푹 주무셔요."

방정환은 온몸에 열이 나서 찬물을 연거푸 들이켰다. 어떤 날은 빙수를 일고여덟 그릇씩 먹어도 열이 식지 않을 때도 있었다. 그래도 방정환은 아랑곳하지 않고 자신을 찾는 곳이라면 어디든 달려갔다. 그게 다 어린이들의 빛나는 눈빛을 외면하지 못하는 성품 때문이었다.

그렇게 바쁜 와중에도 방정환은 새로운 일을 계획하고 있었다.

밥을 먹어야 산다 하여 반찬도 간장도 없이 맨밥만 꾸역꾸역 먹고 살 수 있느냐 하면, 그렇게는 안 되는 것입니다. 좋은 반찬을 많이 먹지는 못한다 하더라도 좋지 못한 반찬이라도 밥에 섞어 먹어야 밥을 먹을 수도 있고, 또 먹은 밥이 소화도 되어서 비로소 몸에 유익한 것입니다.

그와 마찬가지로 우리에게 유익한 지식이라 하여 수신(修身)과 산술만 꾸역꾸역 먹고 좋은 사람이 될 수 있느냐 하면, 그것만 가지고는 좋은 사람이 될 수 없는 것이요, 예술이라 하는 좋은 반찬을 부지런히 잘 구해 먹어야 비로소 빠진 구석 없이 완전히 좋은 사람이 되는 것입니다.

예술이라는 것을 자세히 설명하자면 여러분에게는 대단히 알아듣기 어려운 말입니다마는 듣기 쉽게 말하면, 여러분이 동요를 짓는다든지, 그림을 그린다든지, 좋은 소설을 짓거나 읽는다든지, 좋은 동화나 동화극을 생각한다든지, 그런 것들이 모두 '예술'이라는 세상의 것입니다. 모두 여러분의 예술입니다.

-《어린이》6권 6호(1928년 10월) 중에서

"조선의 어린이도 더 넓은 세상을 보아야 해."

방정환은 어린이 문화가 변변히 없던 시절을 안타까워했다. 어린이들이 예술을 통해서 창의적인 생각을 펼치도록 돕고 싶었다. 그런데 당시 우리나라에는 그럴 만한 여건이 만들어지지 않았다.

"이것 봐. 세계 여러 나라 어린이들의 예술 작품을 모아 전시회를 열면 어떻겠나?"

방정환은 자신의 오랜 꿈을 실현시키려고 사람들의 생각을 물어보았다.

"좋기야 좋지. 그런데 그걸 무슨 수로 할 수 있겠나?"

"그러게 말일세. 세계 여러 나라 어린이의 작품을 어떻게 가져와? 더구나 지금 우리는 나라를 잃은 신세야. 어느 누가 빼앗긴 나라의 일에 관심을 갖겠어."

방정환은 주위의 만류를 아랑곳 않고 어린이들에게 더 넓은 세상을 만나게 해 주려고 동분서주 뛰어다녔다.

"1년 정도 부지런히 움직이면 전시할 작품을 모을 수 있겠지."

처음 생각은 그랬다. 1년 정도면 될 줄 알았다. 그런데 세계 여러 나라 어린이의 작품을 모으는 일은 호락호락하지 않았다. 특히 영국, 독일 등 멀리 유럽의 작품을 모으는 일은 쉽지 않았다. 그래서 2년, 3년이 지나고 4년이 걸려서야 간신히 20개 나라의 작품을 모을 수 있었다.

"소파 선생님, 이 일을 어떻게 해내신 겁니까?"

"대단하십니다. 그 누구도 하지 못할 일이에요."

사람들은 놀라워했다. 아무도 성공하리라 예상하지 못했던 일이었다.

"덕국(독일), 영국, 불란서(프랑스), 중국, 일본, 노서아(러시아), 서전(스웨덴), 정말(덴마크), 서반아(스페인), 백이의(벨기에), 분란(핀란드), 인노니서아(인도네시아), 파사(페르시아), 소격란(스코틀랜드), 포도아(포르투갈), 루마니아……. 아니 이게 도대체 몇 개 나라란 말입니까?"

"우리 어른들도 이름을 처음 듣는 나라가 많아요. 어린이들에게 정말 별천지 신세계를 보여 줄 기회가 되겠어요."

정말 놀라운 일이었다. 아무리 방정환이라고 해도 그렇게나 많은 나라의 어린이 작품을 모을 수 있을지 몰랐다. 물론 방정환 혼자 힘으로 이렇게 많은 작품을 모을 수는 없었다. 색동회 회원들과 개벽사 동료들의 도움이 컸다.

1928년 10월 2일, 마침내 세계 아동 예술 전람회가 열렸다. 방정환은 개막 일자를 맞추기 위해 며칠 밤을 꼬박 새워 가며 작품을 전시했다.
　　전람회가 열리는 경운동 천도교 기념관에는 이른 시간부터 입장하려는 사람들이 줄을 섰다. 이미 신문 광고를 통해 전람회 소식이 알려졌고, 세계 여러 나라의 어린이 작품을 볼 수 있다는 궁금함에 엄청난 인파가 찾아왔다. 입장료는 어른 10전, 어린이 5전이었다.
　　'천천히 자세히 봅시다. 그러기 위해서는 앞사람을 밀치지 맙시다.'
　　사람들이 몰려들자 제대로 관람을 하지 못할 지경이었다. 그래서 전시관 입구에 천천히 자세히 보라는 안내판까지 붙여 놓았다.
　　"어머나, 아이들 그림이 참 멋져!"
　　"그림 솜씨가 대단해요. 아이들의 천진난만한 마음이야 다 같겠죠. 그래도 나라별로 아이들의 모습을 보니 참 신기하고 재미있어요."
　　전람회는 대성공이었다.
　　"제발 전람회를 연장해 주세요. 아직 못 본 사람이 많아요."
　　"일주일이 어려우면 이틀만이라도 부탁드립니다."
　　폭발적인 인기를 끌며 전람회는 예정보다 하루 연장하여 끝났다. 구경거리가 없던 시절 호기심 많은 아이들에게 세계 아동 예술 전람회는 멋진 선물이었다. 전람회를 구경한 사람은 3만 9천 명이 넘었다. 당시 서울 인구가 36만여 명이었으니 자그마치 서울 인구의 10분의 1이 넘는 사람이 다녀간 셈이다. 방정환의 피나는 노력으로 많은 어린이들이 예술이라는 새로운 세계에 눈을 뜰 수 있었다.

그런데 기쁨도 잠시였다. 그 무렵부터 방정환은 몸에 이상이 생겼다.

"괜찮으십니까? 많이 피곤해 보이십니다."

"괜찮아. 좀 지나면 낫겠지. 염려 말게."

"아니, 선생님! 지금 코피가 흐릅니다."

"호들갑 떨지 말게나. 그저 좀 피곤했겠지."

방정환은 전에 없던 피로감을 자주 느꼈다. 그렇지만 대수롭지 않게 여기고 그냥 넘겼다.

여름에 들어서며 방정환은 길을 걷는 일도 힘에 부쳤다. 길을 가다 돌 위에 앉아 가쁜 숨을 몰아쉬기도 했다. 그의 손에는 약병이 들려 있었다. 사람들은 병색이 짙어 가는 방정환을 염려했다.

"선생님, 이러다 큰일 나십니다."

"제발 두어 달 쉬셔요. 코피를 쏟는 것도 한두 번이라야죠."

"일은 우리에게 맡기고 몸을 먼저 돌보세요. 제발요."

동료들의 권유에도 방정환은 막무가내였다. 그렇지만 방정환의 고집도 오래가지 못했다.

1931년 7월 9일, 방정환은 사무실에서 코피를 쏟으며 쓰러졌다.

"선생님!"

동료들이 놀라 방정환을 병원으로 옮겼다. 정신을 차린 방정환은 잠시 일을 놓고 인천으로 요양을 떠나기로 했다.

"바다를 바라보며 걷고 싶어."

바다를 좋아하던 방정환이었다. 그렇지만 그동안은 짬을 내지 못해 바다에 가지 못했다. 그래서 바다가 보이는 인천으로 가서 잠시 쉬기로 했다.

방정환은 인천으로 가서도 머릿속에서 일을 놓지 못했다. 그러면서 병세는 점점 나빠졌다. 몸은 점점 무거워지고, 코피도 멎지 않고, 자꾸만 어지러워 거꾸러지는 일이 잦았다.

"병원에 갑시다."

"이 나라를 위해 더 큰일을 하셔야 할 특별한 분인데 몸을 아끼셔야죠."

가족과 동료들은 방정환에게 입원할 것을 권유했다.

"며칠 쉬면 될 일을 가지고 무슨 입원이오?"

옆에서 지켜보던 동료들은 방정환을 억지로 병원에 입원시켰다.

"아, 이 사람들아. 마감은 어떻게 하고 왔어? 멀쩡한 사람을 입원시켜서 병자를 만드나?"

병원에 누워서도 방정환은 일 걱정을 놓지 않았다. 병문안을 온 잡지사 동료들은 방정환의 얼굴이 점점 어두워져서 염려스러웠다. 방정환의 친구들도 소식을 듣고 병문안을 왔다.

"이 사람 소파, 어쩌다 이 지경까지 왔나?"

그러나 방정환은 시력이 떨어져서 찾아오는 친구들을 알아보지 못했다.

"눈 좀 떠 보게 이 사람아. 내가 보이질 않나?"

결국 방정환은 실명 상태가 되었다. 희망이 없었다. 며칠 남지 않았으니 마음의 준비를 해야 할 때였다.

방정환의 가장 친한 친구인 유광렬이 병원을 찾았다.

"소파, 날세. 날 알아보겠나?"

"왔나? 내 병세가 급격히 나빠졌나 봐. 의술이 이렇게 나약할지 몰랐네."

유광렬은 친구의 어두운 얼굴을 보고 눈물을 훔쳤다.

"내가 이렇게 간다니 창피해."

방정환이 담담히 말했다. 오래된 친구에게 고백하는 회한이었다. 일제에 맞서 싸우다 죽겠다고 다짐해 놓고 이렇게 나약하게 죽어 가는 것이 창피하다는 뜻이었다.

"객쩍은 소리 말고 조리나 잘하게. 죽긴 왜 죽어!"

얼마 지나지 않아 방정환은 호흡을 할 수가 없었다. 7월 23일, 부인 손용화와 장남 운용 그리고 색동회와 개벽사, 천도교 동료들이 방정환이 떠나는 길을 배웅하려고 자리를 지켰다.

방정환은 아들을 향해 희미하게 말했다.

"공부 잘하라."

동료들에게도 잦아드는 목소리로 말했다.

"일 많이 하라. 그리고 어린이를 부탁해……."

지켜보던 사람들은 눈물만 흘렸다.

"이제는 가야겠어. 문간에 마차가 와 있어. 말도 새까맣고 마차도 새까만 색이야. 난 저 마차를 타고 가야 해. 어서 내 가방을 갖다주게."

이 말을 남기고 방정환은 그대로 눈을 감았다. 31년 9개월의 짧은 생이지만, 누구보다 치열하게 살았던 삶이었다.

못 가세요 선생님

젖 없이 자라나는 저일 버리고
어떻게 가십니까 네? 선생님

옷자락에 매달린 저일 떼치고
어디로 가십니까 네? 선생님

천년을 사신대도 안 놓을 것을
사십도 채 못 넘겨 가시다니요.

웃으며 가신대도 서러울 것을
말없이 괴롭게 가시다니요.

- 윤석중이 방정환의 영전에 바친 조시 중에서

    방정환의 어린이 사랑은 잔물결과 같았다. 그 물결은 날이 갈수록 커지고 깊어졌다. 어린이를 위한 세상, 비로소 방정환의 꿈은 큰 물결이 되었다. 큰 물결은 깊어지고 넓어져 마침내 세상을 출렁이게 했다.

● 방정환에게
묻다
오늘날의 우리들이
알고 싶은 이야기

Q 어릴 적에 집안이 몰락하여 어려움을 겪었을 텐데요. 그 시기의 어려움을 어떤 마음으로 이겨 내셨나요?

방정환: 우리 집이 부잣집이었을 때에 사실 저는 철부지였습니다. 모든 것이 풍족했고, 제가 원하면 무엇이든 쉽게 가질 수 있어서 어려움이 무엇인지조차 몰랐습니다. 그러다가 갑자기 집안이 망하면서 처음으로 가난이 무엇인지 알게 되었죠. 그때는 정말 막막했습니다. 저는 학교에 계속 다니기 힘들었고, 누이는 팔려 가듯 시집을 가게 됐어요. 어머니는 몸이 약해 늘 병을 달고 지내셨고요. 그래도 한 가지 믿음은 있었습니다. 용기를 내어 당당하게 맞서면 못할 것이 없다는 믿음이었어요. 저는 당장 먹을 밥이 없어도 세상을 재미있게 살아가려 했습니다. 그래서 소년 입지회를 결성해 우

리만의 생각을 펼쳤고, 환등 대회를 열어 재미난 이야기도 만들어 냈습니다. 돌이켜보면 어린 시절에 가난했다고 해서 내가 하고 싶었던 것을 못한 적은 없었군요.

Q 선생님은 나라를 빼앗긴 상황에서도 소년 운동에 전념하셨습니다. 당시 시대적 상황 때문에 활동하기 어려운 점은 없었나요?

방정환: 나라를 빼앗긴 상황에서 사람들의 뜻을 모으는 일이 쉽지 않았습니다. 제가 하는 일이 일제의 눈에 거슬리면 어김없이 서슬 퍼런 탄압이 들이닥쳤으니까요. 제가 맨 처음 일제 경찰에 붙잡힌 것은 스물한 살 때였습니다. 3·1 운동 때에 〈조선 독립신문〉을 만들어 돌리다가 체포되었죠. 그 뒤 여러 사건에 얽혀서 서대문 감옥에 갇힌 적도 있고, 종로 경찰서에 불려가서 조사를 받는 일도 잦았어요. 이런 일들이 반복되다 보니 어느 순간 제 이름 뒤에 '불령선인(일제의 명령을 따르지 않고 저항하는 조선인)'이란 꼬리표가 붙었더군요. 그때부터 하숙집에 경찰이 수시로 들락거리며 제가 하는 일을 살폈고, 일본 유학 시절에도 외출이라도 할라치면 어김없이 경찰이 따라붙었습니다. 그런 사정이니 행동이 자유롭지 못했죠. 그러나 저는 일제는 미워해도 저를 미행하는 경찰을 미워하지는 않았습니다. 그들을 인간적으로 대했죠. 그래서 오히려 도움을 받은 일도 있었답니다.

Q 선생님이 남긴 작품을 '동심 천사 주의'라며 비판하는 사람도 있습니다. 빼앗긴 나라의 어두운 현실에 대해서는 외면하고, 천사 같은 어린이의 마음만 바라본다

는 뜻인데요. 이런 평가를 어떻게 생각하시는지요?

방정환: 일제 강점기에 우리 어린이들에게는 희망이 없었습니다. 밝은 미래는 꿈꿀 수조차 없었습니다. 그래서 저는 꿈이 없는 어린이들에게 밝은 내일과 따뜻한 감성을 선물해 주고 싶었습니다. 어른들에게 무시당하고, 인정받지 못하는 어린이들에게 스스로 소중한 존재라는 것을 일깨워 주기 위해 감동적이고 아름다운 이야기를 발굴했던 것이죠.

문학 작품에 대한 생각은 보는 사람에 따라 다릅니다. 또 문학 작품은 우리가 살아가는 현실을 반영하여 어린이들이 세상을 바라보는 눈을 뜨게 해야 한다는 말에도 공감합니다. 그렇지만 제가 생각한 동심의 힘이 그 시절 어린이들에게 용기와 힘을 불어넣어 주었다는 사실을 잊지 말아 주세요.

Q 선생님이 하신 여러 가지 일 중에서 후회하시는 일은 없나요?

방정환: 후회되는 일이라면 한 가지 있습니다. 춥고 배고프던 시절에 저도 모르게 일제의 일을 도운 적이 있어요. 토지 조사국에서 사자생으로 일했던 겁니다. 그때는 그 일이 어떤 의미인지 몰랐습니다. 나중에 그 일이 조선의 토지를 빼앗으려는 일제의 계획이란 것을 알고는 너무도 부끄러웠습니다. 어찌 되었든 일제의 수탈을 일정 부분 도와준 셈이니 그저 죄송하고 후회스러울 따름입니다.

Q 남들이 모두 불가능하다고 여겼던 '세계 아동 예술 전람회'를 끝까지 고집하신 까닭은 무엇인가요?

방정환: 어린이날이 생기고 어린이를 바라보는 인식이 차츰 변하기 시작했지만, 여전히 많이 부족했습니다. 아이들은 노동에 시달려야 했고, 문화적인 혜택이라고는 찾아볼 수 없었죠. 그야말로 비좁은 우물 속에서 아등바등 살아가는 신세였습니다. 저는 그런 아이들에게 찬란한 빛을 보여 주고 싶었어요. 세계의 여러 나라 아이들이 그린 작품을 보면 우리 아이들도 문화적인 안목이 넓어질 것이라 믿었지요.

비록 전람회를 준비하는 데 꼬박 4년이 걸렸지만, 전람회를 찾은 어린이들의 눈빛을 보며 지난 세월의 힘든 일을 모두 잊었답니다.

Q 요즘 어린이들에게 바라는 점이 있다면 말씀해 주십시오.

방정환: 자신을 사랑하고 아끼길 바랍니다. 자기가 자기를 아끼지 않으면서 어찌 남이 자기를 아껴 주기를 바라겠습니까? 그리고 지금 자신이 가진 것에 대해 감사히 여기고, 주변을 둘러보는 마음을 가졌으면 합니다. 자신을 사랑하고 남을 아끼는 마음, 그것은 모든 어린이가 기본적으로 지녀야 할 마음입니다.

어린이 여러분은 미래의 희망을 품은 꽃씨입니다. 꽃씨 속에 숨은 빨갛고, 노랗고, 하얀 꽃들이 어여삐 피어날 수 있도록 양분을 모아 주세요. 그 양분이란 것은 꿈, 희망, 긍정, 도전과 같은 마음입니다. 여러분의 몸과 마음속에 깃든 꽃씨 하나하나가 활짝 피어나 아름다운 내일로 열매 맺기를 바랍니다. 이 세상 모든 어린이의 꿈이 알록알록 영글어 가기를 진심으로 기원합니다.

방정환이 걸어온 길

● 1899년　11월 9일
　　　　　서울 야주개(지금의 당주동)에서
　　　　　어물전과 싸전을 운영하는 방한용의 아들인
　　　　　방경수의 맏아들로 태어남.

● 1910년　미동 보통학교 2학년으로 전학함.
● 1913년　선린 상업 학교에 입학함.
　　　　　잡지 《청춘》에 투고하기 시작함.
● 1914년　선린 상업 학교를 중간에 그만둠.

　　　1905　　　　　1910　　　　　1915

● 1905년　보성 소학교 유치반에 입학함.
● 1907년　집안이 기울어 사직골 초가집으로 이사함.
● 1908년　소년 입지회를 조직하여 회장으로 활동함.
● 1909년　매동 보통학교에 입학함.

- 1915년　총독부 토지 조사국의 사자생으로 취직함.
- 1917년　천도교 제3대 교주인 손병희의 셋째 딸 손용화와 결혼함.
- 1918년　보성 전문 학교에 입학함.
　　　　경성 청년 구락부를 결성하고,
　　　　송년회에서 연극 〈동원령〉을 발표함.
- 1919년　잡지 《신청년》을 발간함.
　　　　〈조선 독립신문〉을 인쇄하여 배부한 일로 체포됨.

- 1928년　세계 아동 예술 전람회를 개최함.

- 1931년　7월 23일
　　　　병세가 악화되어
　　　　세상을 떠남.

1920　　1925　　1930

- 1920년　잡지 《개벽》에서 '어린이'라는 말을 널리 알리기 시작함.
　　　　일본으로 유학을 감.
- 1921년　천도교 소년회를 결성함.
- 1922년　5월 1일을 '어린이 날'로 선포함.
　　　　《사랑의 선물》을 출간함.
- 1923년　잡지 《어린이》를 창간함.
　　　　색동회를 조직함.
　　　　5월 1일 제1회 어린이날 기념식을 치름.